Exercises

Lección 1

1. Put the right word in the following sentences:

a. Vamos a _____ español, juntos, en grupo. ¿Para qué?
b. Para _____ con nuestros amigos latinoamericanos.
c. Para _____ las cartas de nuestros amigos españoles.
d. Para _____ un poco la televisión.
e. Para _____ a España o a México.
f. Para _____ cosas en España o en Colombia.

2. Put the right word in the following sentences:

a. – Por _____, ¿cómo se llama usted?
b. – Me _____ Isabel Duarte.
c. – ¿Y cómo se llama _____ señorita?

3. Complete the following dialogue, being careful to use the correct form for 'you' in each instance:

CARMEN – Buenos días, Señor García. ¿Cómo _____?
SEÑOR GARCÍA – Muy bien, gracias. Y _____, ¿cómo _____?
CARMEN – Muy bien. ¡Hola, Miguel! ¿Cómo _____?
MIGUEL – Muy bien, gracias.

Lección 2

1.
– ¿Qué número de teléfono tiene Vd.?
a. – Yo _____ el número 21 43 65.
b. Y nuestro amigo _____ el 32 76 98.

3

2.

una carta	dos cartas
un _____	tres españoles
un _____	cuatro amigos
un hotel	cinco _____
un restaurante	dos _____
una _____	muchas cosas
una habitación	seis _____
un señor	tres _____

3. Give the Spanish for the figures in the following sentences:

a. El hotel Europa tiene el teléfono 2 278 901.
b. Nuestro amigo tiene el número 3-5-4-6-2-0.
c. Miguel tiene el número 9-0-8-1-7-6.
d. El señor Carranza tiene el número 5-4-3-7-0-9.
e. Yo tengo el teléfono _____. El prefijo (*STD code*) es el _____.
f. 50 pesetas – 30 pesetas – 10 pesetas – 40 pesetas – 20 pesetas.

4. Put the missing words in the following sentences:

a. – Me llamo Pedro Marinero. ¿Y cómo _____?
    – Carlos Casas.
b. – ¿ _____ usted teléfono?
    – Sí, claro.
c. – ¿ _____ número tiene usted?
d. – Tengo _____ número ....
    – Muchas gracias.
e. – _____.

5. Complete the answers to the following questions using '*No, no* _____'
= No, I don't _____)

e.g. – ¿Habla Vd. francés?
      – No, no hablo francés.

      – ¿Habla Vd. italiano?
a. – No, no _____.
      – ¿Se llama Vd. Alberto?
b. – No, no _____.
      – ¿Tiene Vd. teléfono?
c. – No, no _____.
      – ¿Tiene Vd. amigos en España?
d. – No, no _____.

4

CONTACT SPANISH

PRACTICE BOOK

WOLFGANG HALM □ CAROLINA ORTIZ BLASCO

ADAPTED BY JENNIFER JONES

CONTENTS

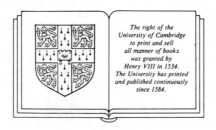

The right of the
University of Cambridge
to print and sell
all manner of books
was granted by
Henry VIII in 1534.
The University has printed
and published continuously
since 1584.

CAMBRIDGE UNIVERSITY PRESS
CAMBRIDGE
NEW YORK □ NEW ROCHELLE □ MELBOURNE □ SYDNEY

Contact Spanish is made up of three parts:
* Student's Book
* Practice Book
* Set of two cassettes

The Student's Book contains 30 *Lecciones* – made up of dialogues, reading texts (including many 'authentic' items) and material for listening comprehension on a wide variety of topics. Each *Lección* has a section of vocabulary and notes. These brief notes are cross-referenced to the full grammar explanations at the end of the book. There is also a Spanish-English word list.

The Practice Book contains exercises for the *Lecciones*, plus answers, and the texts of the Aural Comprehension passages.

The two cassettes contain all the texts of the *Lecciones* and the Aural Comprehension texts (marked in the Student's Book with the symbol ◖◗).

Published by the Press Syndicate of the University of Cambridge
The Pitt Building, Trumpington Street, Cambridge CB2 1RP
32 East 57th Street, New York, NY 10022, USA
10 Stamford Road, Oakleigh, Melbourne 3166, Australia

© Max Hueber Verlag München 1980
© English edition Cambridge University Press 1988

First published in the German Federal Republic 1980
First Published in Great Britain 1988

Printed in Great Britain at the University Printing House, Cambridge

British Library cataloguing in publication data

   Halm, Wolfgang
   Contact Spanish.
   Practice book
   1. Spanish language – Spoken Spanish
   I. Title.   II. Blasco, Carolina Ortiz
   III. Jones, Jennifer
   468.3'421   PC4121

Library of Congress cataloguing in publication data

   Halm, Wolfgang.
   Contact Spanish: student's book/Wolfgang Halm,
Carolina Ortiz
   Blasco: adapted by Jennifer Jones.
      p.   cm.
   Includes index.
   ISBN 0 521 26937 7 (pbk).
   ISBN 0 521 26936 9 (pbk: practice book).
   ISBN 0 521 26332 8 (set of 2 cassettes)
   1. Spanish language – Text-books for foreign
speakers – English.
   I. Ortiz Blasco, Carolina.   II. Jones,
Jennifer.   III. Title.
   PC4129.E5H35   1988
   468.2'4–dc19
   87–21467   CIP
ISBN 0 521 26936 9

6. Can you complete the following conversation?

EL RECEPCIONISTA   Hotel de la Catedral, ¡dígame!
CARLOS   (*What's their telephone number?*)
EL RECEPCIONISTA   El número 5 876 934.
CARLOS   (*Oh, so they're not the Hotel del Castillo?*)
EL RECEPCIONISTA   No, señor, el Hotel del Castillo tiene el número 1 032 908.
CARLOS   (*Oh, thank you very much.*)
EL RECEPCIONISTA   De nada, señor. Adiós.
CARLOS   (*Goodbye*).

Lección 3

1. Complete the following sentences using *también, tampoco, todavía* or *pero*:

   – ¿Puede Vd. ir con nosotros? María puede.
a.   – Yo puedo _____. ¿Y Vd., señor?
b.   – Lo siento, _____ no puedo. – ¿Y Vd., señorita?
c.   – Yo _____ puedo. – ¿Y Vd., señora?
d.   – _____ no sé. Me gustaría mucho, pero ....

2. Fill in the correct words to complete the following sentences:

   – Bien. Vamos a España. Yo voy a organizar las cosas.
a.   ¿ _____ vamos? ¿En autobús o en tren? Bien, en tren.
b.   ¿ _____ compra los billetes del tren? ¿Usted? Muy bien.
c.   ¿ _____ somos? ¿Cinco o seis? ¿Usted no puede? ¡Qué lástima!
d.   ¿ _____ vamos a hacer en España? ¿Vamos a Madrid, y a Córdoba?
e.   – ¿Para _____ quiere usted ir a Córdoba?
    – Para ver la mezquita. (*to see the mosque*)
f.   – ¿La mez ....? ¿ _____ se escribe?
    – Mezquita: eme, e, zeta, q, u, i, te, a. Mezquita.

3. Can you write down the following numbers – singly or in pairs?

– Yo tengo el número 49 38 27. ¿Y Vd.?
– Tengo dos. En la oficina (*office*), el 25 14 17. Mi número privado es el 43 09 13.

4. Can you complete the following conversation?

TONIO   ¿Qué van a hacer Vds. en las vacaciones?
MARÍA   (*I don't know yet. Perhaps we will all go to the Costa Brava*).
TONIO   ¿Cómo van a la Costa Brava?
MARÍA   (*I'd like to go by air but it's more expensive. Perhaps we'll go by train*).
TONIO   Sí, o en autobús. Hay un autobús que va directamente a la Costa Brava.
MARÍA   (*Oh – perhaps we'll go by bus then. What are you going to do in the holidays?*)
TONIO   No puedo ir de vacaciones.
MARÍA   (*Oh I'm sorry. Why not?*)
TONIO   Ah, eso es un poco complicado _____.

5. Fit the right answers from Nos. 1–6 to the sentences a–f.

a.	Pepe no puede ir de vacaciones.	1	Pues, no sé.
b.	El señor Pérez va en autobús.	2	Tres, porque Pepe no puede ir.
c.	Nosotros vamos juntos, en grupo.	3	No está muy bien.
d.	¿Cuántos somos?	4	Con zeta.
e.	¿Quién es esa señorita?	5	Es más divertido.
f.	¿Cómo se escribe?	6	No tiene coche.

Lección 4

1. Talk about yourself by changing 'he' to 'I' in the following paragraph:

Nuestro amigo *quiere* ir a España en las vacaciones. *Aprende* español. *Quiere* hablar con la gente. Quizás *va* en tren. Pero también *puede* ir en autobús.

2. Talk about yourself and your friend by changing 'I' to 'we' in the following paragraph:

Quiero ir a París. *Aprendo* francés. *Voy* a hablar con la gente. *Puedo* ir con un grupo de amigos. Quizás *voy* en coche. Pero también *puedo* ir en tren o en auto-stop.

3. Fill in the gaps in the following sentences with the correct words:

a. – ¿Van Vds. _____ Sevilla este año?
b. – Creo _____ sí.
c. Vamos a ir _____ octubre.
d. – Es una _____ idea.

4. Put the right form of *estar* in the following conversation:

a. – ¿Cómo _____ Vd., señorita?
b. – Gracias, _____ muy bien.
c. – Y Vds., señores, ¿cómo _____?
d. – Ah, no _____ muy bien.
e. – Lo siento mucho. ¿Y Vd., señora? ¿Cómo _____ Vd.?
f. – ¿Yo? Muy bien, gracias, pero _____ un poco cansada.

5. Put *me*, *te*, or *le* in the correct places in the following conversation:

– ¿Cómo está Vd.?
a. – No muy bien, no sé qué _____ pasa.
– ¿Cómo está el señor Pérez?
b. – Está muy malo, no sé qué _____ pasa.
c. – ¿Y tú? ¿Cómo estás? ¿No estás bien? ¿Qué _____ pasa?

6. Put the correct form of *querer* in the following conversation:

a. – Yo _____ aprender español para hablar con la gente en España.
b. – Ah, ¿_____ Vd. ir a España? Nosotros también _____ ir este año.
c. – ¿_____ Vds. ir a la Costa del Sol?
d. – No, creo que hay demasiada (*too many*) gente en la Costa del Sol. Nosotros _____ ir a Galicia. Allí todavía no hay demasiado turismo, creo yo.

7. Can you complete the following conversation?

SRA. GARCÍA   – Buenos días, Señora Martínez. ¿Cómo está Vd.?
SRA. MARTÍNEZ   (*I'm not very well – I have a headache.*)
SRA. GARCÍA   – Ah, ¡lo siento mucho! ¿Por qué no va Vd. al médico?
El doctor Sánchez es muy bueno – vive muy cerca de aquí.
SRA. MARTÍNEZ   (*I don't like Dr. Sánchez (add* a mí) *Is there another doctor near here?*)
SRA. GARCÍA   – Sí. El doctor Pérez es también muy bueno. Vive en la Plaza Majo y tiene la consulta de 9 a 12 por la mañana y de 16 a 20 por la tarde.
SRA. MARTÍNEZ   (*Thanks very much. I'll make an appointment with Dr. Pérez.*)
SRA. GARCÍA   – Adiós.

8. Try to write a few words in Spanish about England using the vocabulary in the reading passage about Mexico.

Lección 5

1. Complete the following conversation by putting the right words in the gaps:

a. A – ¿Ha _____ Vd. en España?
   B – ¿Yo? Sí.
   A – ¿Cuántas veces?

b. B – Una _____, en mayo.

c.   Me _____ gustado mucho.

d. A – ¿Vd. ha estado también _____ Latinoamérica?
   B – Todavía no.

e. A – Yo _____, pero quiero ir.

2. Fill in the correct answers to the questions by using *aquí lo tengo* or *aquí la tengo*:

a. ¿Dónde está la aspirina?   – Aquí _____.
b. ¿Dónde está el número de teléfono del hotel?   – Aquí _____.
c. ¿Dónde está la dirección del hotel?   – Aquí _____.
d. ¿Dónde está el billete para el tren?   – Aquí _____.
e. ¿Dónde está la carta de nuestros amigos?   – Aquí _____.

3. Complete the following sentences by using *es* or *está* where appropriate:

a. Nuestro amigo _____ enfermo.
b. Nuestra amiga _____ cansada.
c. Nuestro amigo _____ español.
d. Nuestra amiga _____ en España.
e. Nuestra amiga _____ muy simpática.
f. Nuestra amiga _____ en la Costa Blanca.

4. Would you know what to say in the following situations?

a. Whilst travelling in a train you see a pretty village in the distance and ask a fellow passenger what it is called. What do you say in Spanish?

b. You meet a Spanish acquaintance in the morning – how would you say hello and ask how he is?

c. You have given a Spaniard an hotel address in England. He says: "Muchas gracias". What do you reply?

d. You meet a Spanish acquaintance in the afternoon – how could you
   (i) say hello, ask how he is and   (ii) suggest you go and have a cup of coffee together?

5. Put the following sentences into the Perfect Tense, using the right ending for the person in brackets, e.g. apuntar la dirección del hotel (yo)
            He apuntado la dirección del hotel.

8

a. comprar un coche (nosotros)
b. alquilar la casa (¿Vd.?)
c. escuchar la radio (¿Vds.?)
d. estar en Madrid (nuestro amigo)

e. tomar el autobús (¿Vd.?)
f. hablar con José (¿tú?)
g. mirar las fotos (¿vosotros?)

6. Put either *mucho* or *muy* in the following sentences where appropriate:

a. Esta ciudad me gusta _____.
b. La ciudad es _____ bonita.
c. El hotel es _____ moderno.
d. Me gustaría _____ estar tres días en ese hotel.
e. Es una ciudad _____ interesante.
f. La gente es _____agradable.
g. La ciudad me interesa _____.
h. Pero tengo que marcharme (*leave*), lo siento _____.

7. Can you put the questions to which the following are the answers?

e.g. Nuestro amigo está *muy bien*. – ¿Cómo está?
a. Esa señorita/esa chica se llama *Arantza* (*a Basque girl's name*).
b. Necesito dinero (*money*) para *comprar una casa*.
c. Miguel tiene un coche *grande*.
d. El director del hotel es *ese señor*.
e. Voy a España *en avión*.
f. En la ciudad hay *cinco o seis* hoteles.
g. Aprendo español para *leer y escribir cartas*.
h. Tenemos vacaciones *en agosto*.
i. El hotel Europa está *en el centro*.
j. En verano vamos a *Sevilla*.

Lección 6

1. Put the right pronoun in the answers to the following questions:
    e.g. ¿Ha traído Vd. las fotos?   – *Ay, las* he olvidado.

a. ¿Qué número de teléfono tiene el señor Aranda?   – Ay, _____ he olvidado.
b. ¿Tiene Vd. la dirección del señor Aranda?   – Ay, _____ he olvidado.
c. ¿Ha traído Vd. las cartas de su amigo?   – Ay, _____ he olvidado.
d. ¿Ha traído Vd. las cosas que ha comprado?   – Ay, _____ he olvidado.
e. ¿Me ha traído Vd. el cassette?   – Ay, _____ he olvidado en casa.
f. ¿Me ha traído Vd. la aspirina?   – Ay, _____ he olvidado.

2. Answer the following questions saying that you have already done what is asked, e.g.
¿No quiere Vd. apuntar el número?   – Ya lo he apuntado.

a. ¿No quiere Vd. comprar esas cosas?   – _____
b. ¿No quiere Vd. reservar el hotel?   – _____
c. ¿No quiere Vd. alquilar el coche?   – _____
d. ¿Quiere Vd. apuntar la dirección del hotel? – _____
e. ¿No quiere Vd. escuchar el cassette?   – _____
f. ¿No quiere Vd. hablar con Carmen?   – _____
g. ¿Quiere Vd. invitar a Luisa?   – _____
h. ¿Quiere Vd. mirar las fotos?   – _____
i. ¿Cuándo va a visitar Vd. a su padre?   – _____

3. Say to someone he might like to make a note of something, look at something, etc., arising from the following statements:

e.g. Tengo el número de teléfono del señor A. (*apuntar*) ¿Quiere Vd. apuntarlo?

a. Tengo la dirección del hotel Miramar. (apuntar)
b. He comprado muchas cosas. (mirar)
c. He comprado un nuevo coche. (ver)
d. Tengo fotos de las vacaciones. (ver)
e. Tengo un nuevo cassette muy bonito. (escuchar)
f. Conozco a una chica muy simpática. (conocer – to know, get to know)
g. Tengo amigos en Salamanca. (visitar)

4. Use the appropriate forms of *éste, ésta, éstos* and *éstas* in the following sentences:

e.g. Ésta es mi casa.

a. _____ es mi amigo peruano. Vd. no lo conoce, ¿verdad?
b. _____ es nuestro grupo del curso de español. Es un grupo muy simpático.
c. _____ es una foto de mi amigo. Él ha estado en Guatemala.
d. _____ es un hotel que me ha recomendado un amigo. Es muy barato, y muy bonito.
e. _____ son mis padres.
f. _____ son tres amigas chilenas. Son muy guapas, ¿verdad?
g. _____ es el hospital de nuestra ciudad. Es bastante moderno.

5. What would you say in Spanish in the following situations?

a. Someone asks you who the gentleman opposite is. – ¿Quién es ese señor?
   You say you don't know – you're sorry.
b. Someone invites you to a cup of coffee – ¿Vamos a tomar un café?
   You say you would rather have a beer (*una cerveza*).

10

c. Someone says he can't travel with the group. – No puedo ir con el grupo.
   You express your disappointment.
d. Your colleague at work is called Susan Green. Someone wants to make a note of her name.
   – ¿Cómo se escribe? Spell it for them in Spanish!
e. Someone asks for a Mrs. Aranda. Another person says they don't know her.
   Say that you don't know her either.
   – ¿Dónde está la señora Aranda?
   – No la conozco.
   – _____
f. Someone advises you to visit Toledo – someone else suggests Ávila. Ask which town is the
   more interesting:
   – Tiene que ver Vd. Toledo.
   – Vd. tiene que visitar Ávila.
   – ¿ _____?

6. Can you complete the following conversation?

MARÍA	Hola, ¿qué tal? ¿Dónde has ido de vacaciones?
YOU (Vd.)	(*I went to Sitges.*)
MARÍA	Ah, ¿sí? ¿Te ha gustado Sitges? Es una ciudad muy bonita, ¿no?
YOU (Vd.)	(*Yes, it is – but full of tourists. I couldn't practise* (practicar) *my Spanish!*)
MARÍA	¡Qué lástima! Pero, ¿te ha parecido la gente simpática allí?
YOU (Vd.)	(*Yes, I met one very nice gentleman. There he is on the photo – the one on the left!*)
MARÍA	Ah, ¡qué guapo es! ¡Esperamos que pueda visitarte en Londres pronto!
YOU (Vd.)	(*Yes – I have invited him for next Christmas.*)

Lección 7

1. Fill in the gaps in the following sentences with the right forms of *saber, ser* and *ver*:

a. Yo _____ extranjero, no _____ español.
b. ¿ _____ Vd. si Carmen tiene las fotos?
c. Yo no _____ quién es ese señor, no lo conozco.
d. ¿ _____ Vds. mucho la televisión?
e. ¿ _____ Vd. español? ¿De dónde _____ Vd.?
f. ¿ _____ Vds. si el autobús pasa por aquí?
g. Por favor, ¿ _____ Vd. ese bar al otro lado? ¿Cómo se llama?
h. Mis amigos _____ peruanos, de Lima.
i. Yo no _____ a nadie por aquí.

11

2. Can you say the numbers in the following sentences correctly?

a. Madrid está a 700 kilómetros de Barcelona, más o menos (*more or less, approximately*).
b. El punto más alto de los Pirineos es el Pico de Aneto, que tiene 3.404 metros.
c. El Pico de Mulhacén, en la Sierra Nevada, tiene 3.478 metros.
d. El Aconcagua, en los Andes argentinos, tiene 7.014 metros.

3. Put the present participle of the verbs in brackets in the following sentences:

a. (llamar)   Estoy _____ por teléfono a mi amigo.
b. (explicar)   Estamos _____ nuestros planes para las vacaciones.
c. (aprender)   Estoy _____ español, no es muy difícil.
d. (escribir)   Estoy _____ a mi padre, que está de vacaciones en Suiza.
e. (hacer)   ¿Qué están Vds. _____?
f. (ver)   Estamos _____ un programa muy interesante en la televisión.

4. What would you say in Spanish in the following situations:

a. you meet a good friend in the street:
   (i) greet him and ask him how he is.
   (ii) he doesn't look well at all. Ask him what is the matter.
b. he asks you if you can give him an aspirin. Say:
   (i) you think so.
   (ii) you have one and give it to him.
c. You want to go away with some friends. Say that you can go on the 13th April (*el trece de abril*), the 15th May, the 21st June or the 30th July.
d. Someone says that he doesn't like the hotel in which you are staying. Say that you *do* like it.

5. Put the correct form of the personal pronoun (object or emphatic (disjunctive) in the gaps in the following sentences:

a. ¿A Vd. _____ gusta su trabajo?
b. Mi hermana trabaja en un hospital. A _____ le gusta trabajar.
c. Yo no voy a tomar el tren. A _____ me gusta más ir en coche.
d. Nosotros no vamos. A nosotros no _____ han invitado.
e. Mis amigas van a bailar. A _____ les·gusta mucho bailar la sardana.
f. Mis padres viven en Madrid. A _____ les gusta mucho vivir en la gran ciudad.

6. Your Spanish friend asks you if you would like to do various things – tell him that you would.

e.g. ¿Quiere Vd. ver mi casa? – Sí, me gustaría verla.

a. ¿Quiere Vd. comprar el coche?
b. ¿Quiere Vd. ver las fotos?
c. ¿Quiere alquilar la casa?
d. ¿Quiere Vd. conocer a mis amigos?
e. ¿Quiere Vd. mirar la revista (*magazine*)?
f. ¿Quiere Vd. invitar a las chicas?

7. A Spanish visitor to Britain asks you where he can find the following places in your home town. Give him some simple directions:

a. ¿Dónde está la estación de autobuses, por favor?
b. ¿Dónde están las tiendas, por favor?
c. ¿Dónde está la catedral, por favor?
d. ¿Dónde está el Banco de Barclays, por favor?
e. ¿Dónde hay una cafetería, por favor?

Lección 8

1. ¿Qué hora es?

2. Put the correct forms of *poder* and *volver* in the gaps in the following sentences:

a. A - Yo no _____ quedarme más tiempo, lo siento.
b.   Tengo que irme, pero _____ en media hora.
c.   Vd. _____ esperarme aquí o en el bar Florida, si quiere.
d. B - Ahora son las 3, así que Vd. va a _____ a las 3 y media, más o menos.
e. A - Sí, exacto. Bueno, también _____ ser un poco más tarde, pero no
f.   _____ antes de las 3 y media.¿De acuerdo?
     B - De acuerdo.

3. Put the missing words in the following sentences:

a. - ¿Por qué no habla Vd. con Antonio? ¿Por qué no le llama Vd.?
   - _____ llamando toda la tarde, pero parece que no está en casa.
b. - ¿Dónde está la llave (*key*) del coche?
   - No lo sé, lo siento. _____ buscando ya todo el día.

c. - ¿Por qué no se queda su hermana? Ella puede cenar con nosotros.
   - Ya lo sabe, pero _____ esperando en casa.
   - Puede llamar y decirles que vuelve un poco más tarde.

d. - El señor Gómez habla muy rápido. ¿Lo ha entendido Vd. todo?
   - No, pero escuche Vd., _____ explicando otra vez, porque nadie lo ha entendido bien.

e. - ¿Ya has mirado las fotos?
   - _____ mirando ahora, no he podido mirarlas antes, no he tenido tiempo.

4. Can you take part in the following conversation in Spanish?

Vd.   (Do you know Ávila?)

JUAN Sí, me gusta mucho – es una ciudad muy bonita. ¿Has ido a Ávila?

Vd.   (No. But I'm going there in the summer. Have you been to Toledo?)

JUAN Sí, nosotros hemos estado allí el año pasado.

Vd.   (Did you like it?)

JUAN Sí, mucho – es muy interesante – es una ciudad muy vieja.

Vd.   (Which town do you prefer – Toledo or Ávila?

JUAN Me ha gustado más Toledo. Me gustan tanto las calles estrechas (narrow) y las casas antiguas. ¿Has ido también a Jávea?

Vd.   (No, I've never been there. Is it a town or a village, and is it on the coast?)

JUAN Está entre Alicante y Valencia, en la Costa Blanca. Es una ciudad muy bonita y tiene un parador (*State-run hotel*) muy famoso. ¿Has ido a Torremolinos? ¡A los ingleses les gusta mucho!

Vd.   (No, I don't know Torremolinos. It's supposed to be very expensive, isn't it?)

JUAN Sí. Hay que tener muchísimo dinero para ir allí. Los hoteles son muy caros. ¡Solamente gente rica vive allá!

5. Put *todo/a; el/la* as appropriate in the gaps in the following sentences:
(e.g. en _____ ciudad – en *toda la* ciudad.

a. _____ costa es muy bonita.
b. He trabajado _____ día.
c. He estado en España _____ mes de septiembre. (el mes – *month*)
d. En mi casa, _____ familia toma té para el desayuno.
e. ¿Conoce Vd. a _____ gente?
f. Ya hemos visto _____ museo, es hora de ir a tomar un café. (es hora – *it's time*)
g. En _____ país hay pueblos muy bonitos.
h. ¿Qué está Vd. haciendo _____ tiempo?

Lección 9

1. Someone you know often can't decide what to do in certain situations.
Advise him: a. to do the thing in question
b. not to do it.

e.g. – No sé si voy a alquilar la casa o no.
– ¡Alquílela!
or:
– ¡No la alquile!

a. No sé si voy a cambiar el dinero o no.
b. No sé si voy a invitar a esas chicas o no.
c. No sé si voy a llamar a mi amigo o no.
d. Ahí viene mi padre. No sé si voy a preguntarle o no.
e. Ya es tarde. No sé si voy a quedarme o no.
f. Todavía no es tarde. No sé si voy a marcharme o no.
g. ¿Una aspirina? No sé si voy a tomarla o no.
h. No sé si voy a empezar este trabajo o no.

2. Put the correct form of *bueno* or *malo* in the gaps in the following sentences:

a. Tengo un _____ amigo en París.
b. Para ir a la provincia de Cádiz, la combinación de trenes es muy _____.
c. Hoy hace _____ día. Hace viento y llueve.
d. Es un _____ fin de semana para salir en coche. El tráfico es terrible porque todos se van de vacaciones.
e. ¿Ha visto Vd.? Tengo una _____ foto de Vd.
f. Tengo una habitación muy _____. Es muy pequeña y no tiene ducha.
g. Carmen no es _____ persona, pero es un poco difícil. No es fácil entenderse con ella.
h. 50.000 pesetas me parece un _____ precio.
i. El agua tiene _____ temperatura hoy, ¿no le parece?

3. You are quicker than other people think! Say that you have already done the things you are asked about in the following sentences,
e.g. – ¿Va a aprender Vd. un poco el español?
– Ya he aprendido un poco.

a. ¿Por qué no le pregunta Vd.?
b. ¿No va a comer Vd.?
c. ¿Vd. va a alquilar la habitación?
d. ¿Vd. va a hacer el trabajo?
e. ¿Va a ver Vd. al señor Aguilera?
f. ¿Vd. va a visitar el museo?
g. ¿Vd. va a traer las diapositivas?
h. ¿No quiere leer Vd. la carta?
i. Vd. quería ir al banco, ¿verdad?

4. What would you say in the following situations?

a. You are showing a Spanish friend your home town. How would you tell him about:
   – a very old church
   – a modern house that you like (or don't like!)
   – a bank, where he can change money.

In each case give full directions of where to find these buildings – imagine that you are starting off from the station.

b. You ask him whether he would
   – like to visit the museum, which is very interesting
   – like to come to dinner at your home this evening.

c. Your friend shows you a photograph of his two daughters.
   – say what pretty girls they are.

d. He shows you another photograph, in which there is a charming lady, whom you take to be his wife. Ask him if it is in fact his wife.

e. Your friend is called Señor Domínguez. You meet your Spanish teacher, Señora Teresa Garrigues, on your way round the town.
   – you say hallo to Señora Garrigues and introduce her to Señor Domínguez.

f. What would Señora Garrigues and Señor Domínguez say to each other when they are introduced?

5. Can you describe in Spanish what the weather is (or was) like
a. today
b. yesterday
c. last week?

16

Lección 10

1. *porque* means 'because' in Spanish:

e.g. Mañana no puedo, *porque* viene mi padre.   I can't (come) tomorrow, because my father is coming.
No voy con vosotros al cine *porque* ya he visto la película (film).   I'm not going with you to the cinema because I've already seen the film.

como means 'as':

e.g. *Como* mañana vienen mis padres, no voy a tener tiempo para nada.   As my parents are coming tomorrow, I won't have time for anything.
Como ya conozco la película, no voy con vosotros.   As I already know the film, I won't go with you.

Can you put either *porque* or *como* in the following sentences?

   – ¿Vamos al cine?
a. – No puedo ir _____ no tengo dinero.
   – Te invito, no hay problema.
b. – Muchas gracias, pero _____ tampoco tengo tiempo, lo siento mucho. Hoy no puedo.
c. – Bueno, entonces yo no voy tampoco, _____ no me gusta ir solo (*alone*) ¿Pero por qué no tienes nunca tiempo?
d. – Mira, mañana viene mi novia, y _____ nos vemos tan pocas veces, quiero terminar hoy un trabajo que tengo, para tener más tiempo mañana para ella ....
   – Ah, claro. Entonces, ¡que os vaya bien!

2.   Put the right forms of *alguno* and *ninguno* in the following sentences:

a. A – Yo tengo _____ amigos en Madrid,
b.   pero _____ en Barcelona.
c. B – Pues, yo conozco a _____ personas en Barcelona,
d.   pero no tengo _____ amigo bueno allí.
e. A – Ah, quería preguntarle una cosa: ¿Tiene Vd. _____ disco de Daniel Viglietti, el cantante (*singer*) uruguayo?
f. B – No, no tengo _____. No lo conozco.
g. A – Debe Vd. conocerlo. De momento no le puedo decir _____ título,
h.   pero tiene _____ cosas muy buenas.
         Si _____ día pasa Vd. por mi casa vamos a oir los discos que tengo.

3. Complete the following sentences with the most suitable negative word from:
nada – nadie – a nadie – nunca – tampoco – ninguno, ningún, ninguna

    – ¿Ha comprado Vd. algo en la ciudad?

a. – No, no he comprado _____. Todo es muy caro.

    – ¿Le parece?

b. – Además, quería comprar una bolsa, pero no me ha gustado _____.

    Pero no he venido para comprar cosas. Estoy aquí sobre todo para ver la ciudad, para hablar con la gente ....

    – ¿No le ha sido difícil hablar con la gente? Hay algunos que hablan catalán y no quieren hablar en español ....

c. – Pues, no he tenido _____ problema. La gente ve que soy extranjera, y no he

d./e. tenido _____ problemas con _____.

    – ¿Y en Barcelona?

f. – En Barcelona no he tenido problemas _____.

4. You are talking about yourself. Put the right form of the verbs given in each case in the following sentences:

a. hacer   ¿Me pregunta Vd. qué _____ todos los días?

b. saber   Pues, no _____.

c. tener   Generalmente _____ poco tiempo.

d. ver   Por la noche _____ la tele (= *la televisíon*).

e. oir   A veces _____ discos o cassettes.

f. salir   Los domingos _____ de la ciudad en coche.

g. ir   _____ a comer con unos amigos, ¿sabe?

h. conocer   _____ algunos restaurantes muy buenos y no demasiado caros.

i. entender Sabe Vd., hay restaurantes carísimos. No _____ cómo la gente

j. ser   puede comer allí. Yo _____ un simple empleado (*just a clerk*).

k. tener   y no _____ tanto dinero. Bueno, y por la tarde, el problema es volver a Madrid.

l. volver   El tráfico es terrible. Yo siempre _____ muy temprano.

5. Write down what you usually do on Sundays.

6. You meet two Spanish tourists who are trying to find their way round your home town with a map.

a. Ask them what they are looking for.

b. Say that you have heard them speaking Spanish and that you are English but you like speaking Spanish as you are learning Spanish at the moment in a course.

c. Now they suddenly speak English and very well too! Pay them a compliment in Spanish and say that you don't speak Spanish as well as they speak English.

d. You're just in front of a small café. Ask them if you can invite them to have a cup of coffee, ask how long they will be in your town and where they have learnt English.

e. Before you take your leave of them, ask them:

i   if they would like to come to your house this evening (use *pasar por*);
say:
ii that you will write down your address
iii that you won't be home before half past seven
iv that you will expect them at half past seven or later
v   goodbye and wish them all the best (*¡Que les vaya bien!*)

Think what you could have said in addition, and any problems you might have had in this conversation. Discuss these with your teacher.

Lección 11

1. Answer the following questions according to the example given below:
– ¿Me explicas el problema? – Sí, te lo explico.

a. ¿Me explicas ese plan?
b. ¿Me dices el precio? (*price*)
c. ¿Me recomiendas ese hotel?
d. ¿Me recomiendas esa pensión?
e. ¿Me compras esa revista?
f. ¿Me dices la palabra española?
g. ¿Me dices cómo se escribe?
h. ¿Me explicas qué quiere decir?
i. ¿Me dices dónde está la parada del autobús?

2. Answer the following questions according to the example given below:
– ¿El menú? (traiga Vd.) – Sí, tráigamelo, por favor.

a. ¿Ese plan?   (explique Vd.)
b. ¿El precio?   (diga Vd.)
c. ¿El libro?   (busque Vd.)
d. ¿Esta carta?   (escriba Vd.)
e. ¿Esa revista?   (compre Vd.)
f. ¿La dirección del hotel? (diga Vd.)

3. Complete the following conversation by using *qué* or *lo que* in the gaps:

– Vd. sabe mucho de Perú, ¿no? Y conoce Lima....

a. – Pues sí, he vivido varios años en Lima. ¿ _____ quiere Vd. saber?

b. – ¿_____ hoteles puede Vd. recomendarme?

c. _____ me interesa es un hotel bueno, pero no demasiado caro.

d. – _____ no me gusta es el tráfico. Es terrible.

e. – Pero, ¿_____ quiere Vd.? ¡Si Madrid es una gran ciudad!

f. – _____ se podría hacer sería una zona sin coches, ¿no le parece?
En el centro, algunas calles y plazas sin tráfico de coches....

– Sí, una zona de peatones (*pedestrian precinct*).

4. Vocabulary revision. The following sentences contain some important phrases. Can you remember them?

a. No sé si vamos a llegar _____ tiempo.

b. _____ momento tengo muy poco dinero.

c. ¿Podemos vernos esta semana? El martes, _____ ejemplo.

d. Hay muchos buenos restaurantes _____ aquí.

e. Muy bien, _____ acuerdo.

f. Tengo algunas fotos _____ color que han salido muy bien.

g. ¿Vd. no quiere ir a comer? Yo voy _____ todas formas.

h. Nuestro hotel, _____ realidad no es muy caro.

i. Salimos _____ veces a comer fuera, con unos amigos.

j. Yo no vuelvo _____ escribir a Carmen, ella no me escribe tampoco.

5. What would you say in the following situations?

a. You are at the bus station. Ask what time there is a bus to Torrelodones.
You realise that your watch has stopped. Ask what time it is.

b. The friend who is with you has just been to buy some cigarettes. The bus leaves at 16.30 and it is now 16.00. Tell your friend how much more time you have and when the bus leaves.

c. Your friend is not going with you.

Tell him that you'd like to see him again tomorrow.

Ask him whether he knows where the Banco de Vizcaya is. There is a bar (*un bar*) opposite. Suggest you meet him there at 13.30, and ask him if he is in agreement.

d. The bus is due now so say that you have to go now – goodbye!

Think what you could have also said in this situation and discuss any problems you may have with your teacher.

6. Imagine that you and your friend are treating yourselves to a meal at 'Los Caracoles'. Choose what you want from the menu and order the meal – not forgetting something to drink of course!

Lección 12

1. Can you ask someone if they would like you to do the things in the following sentences for them, starting with *¿quiere Vd. que . . .?* instead of *si quiere?*

a. Si quiere, le apunto mi número de teléfono.
b. Si quiere, le busco un trabajo.
c. Si quiere, le compro los libros que necesita.
d. Si quiere, empiezo a trabajar ahora mismo. (*right now*)
e. Si quiere, voy a escuchar la radio para saber qué tiempo va a hacer mañana.
f. Si quiere, le espero en el bar de enfrente.
g. Si quiere, voy a hablar con Carmen.

2. The same idea as in Exercise 1, but here you are speaking to a good friend, so use the familiar *tú* form:

a. Si quieres, te llamo por teléfono en una hora.
b. Si quieres, me marcho.
c. Si quieres, me quedo.
d. Si quieres, pregunto otra vez. (*again*)
e. Si quieres, te recomiendo un hotel barato.
f. Si quieres, te dejo dos mil pesetas.

3. Say that you are going to do the things mentioned below in any case:
– ¿Vamos a cambiar dinero o no?
– Yo voy a cambiar de todas formas.

a. ¿Vamos a la estación?
b. ¿Hacemos esa excursión o no?
c. ¿Tenemos que informarnos en la estación?
d. ¿Vemos la televisión esta noche?
e. ¿Salimos a cenar o no?
f. ¿Volvemos hoy, o mejor mañana?

4. Fill in the gaps with the correct object pronoun and form of *llevar*.

MARÍA   ¡Hola, Miguel! ¿Qué tal?

MIGUEL   Estupendamente – ¿Y tú?

MARÍA   Muy bien. ¿Tienes un poco de tiempo libre hoy? Es que Carmen tiene que pasar por el banco y quisiera que . . . (*llevar*).

MIGUEL   Con mucho gusto. ¿Cuando tiene que salir? Es que unos amigos míos han llamado a un taxi, pero no viene. Y quieren que yo . . . (*llevar*) a la estación ahora.

MARÍA   ¿Por qué no telefoneas a Carmen? Su número de teléfono es el 13 48 63. Ella está en casa ahora. Y cuando vuelvas, ¿podrías venir a mi casa? Mis hijas van a ir a bailar y quieren que . . . (*llevar*) pero mi coche no va bien hoy. Tienen que salir de casa a las siete. ¿Podrías llevarlas a la discoteca?

MIGUEL   Bueno. Mi padre tiene que visitar a alguien en el hospital y quiere que . . . (*llevar*). Después iré a tu casa. Llegaré un poco antes de las siete.

MARÍA   ¿Por qué no cenas con nosotros después?

MIGUEL   Con mucho gusto. Y puedo traer a tus hijas cuando quieran que yo . . . (*llevar*) a casa.

MARÍA   ¡Muchísimas gracias, Miguel! ¡Hasta pronto!

MIGUEL   De nada. ¡Hasta pronto, María! Adiós.

MARÍA   Adiós, Miguel.

5. You have to phone a friend in Spain, with whom you had arranged to spend a week's holiday. You had intended to travel to his home at the week-end. Can you complete your part of the conversation in Spanish?

JUAN   Dígame.

Vd.   (Say hello, it's María. You can't come to Spain after all as you have been ill.)

JUAN   Ay, ¡lo siento mucho! ¿Estás mejor ahora?

Vd.   (Yes, you are better already but the doctor has said that you must stay at home for three or four days more. What's the weather like in San Sebastian? Is the sun shining and is it hot?)

JUAN   Hace mucho calor aquí. ¿Qué tiempo hace en Inglaterra?

Vd.   (It's terrible – it's raining a lot and sometimes it snows! It's also very windy. However, it says on the radio that it will be fine next week.)

JUAN   Entonces, ¡ven a España! Aquí hace mucho calor. Puedes bañarte – hay que traer el traje de baño. ¿Cuándo vienes?

Vd.   (Tell him you couldn't come before Tuesday or Wednesday and that it isn't worth coming for five days. You have to come back on Sunday in any case.)

JUAN   Pero ¿no te sería posible venir el miércoles? Valdría la pena – y ¡tendrás que descansar después de tu enfermedad!

Vd.   (Say you're very sorry but it really *is (de verdad)* impossible for you.)

JUAN   Bueno. Lo siento mucho pero lo entiendo. ¡Que te mejores! ¡Hasta pronto! Adiós.

Vd.   (Goodbye. See you soon!)

Lección 13

1. Answer the following questions according to the following example:

– ¿Tiene Vd. la dirección del señor A.? (doy)
– Sí, se la doy en seguida.

a. ¿Tiene Vd. un libro sobre Perú? (enseño)
b. ¿Tiene Vd. las revistas que le he encargado? (traigo)
c. ¿Sabe Vd. dónde están las llaves de la casa? (busco)
d. ¿Tiene Vd. la carta del señor Mihura? (doy)
e. ¿Me deja ver la guía de México que ha comprado? (doy)
f. ¿Me deja Vd. su guitarra para tocar? (traigo)
g. ¿Me deja ver el cassette que acabamos de oír? Quisiera apuntarme el título. (enseño)

2. Vd. no ha hecho todavía todo lo que tiene que hacer, pero no ha olvidado nada. Modelo:

– ¿Has traído las aspirinas?
– Las aspirinas las traigo después.

a. ¿Has comprado el queso?
b. ¿Has encargado la paella?
c. ¿Has traído el vino?
d. ¿Has comprado los libros sobre Perú?
e. ¿Has hecho la ensalada?
f. ¿Has comprado las aceitunas?
g. ¿Has ido a buscar las fotos y diapositivas?

3. Say that something has just happened by replying to the following questions using *acabar de*:

– ¿Han llegado los señores Arévalo?
– Sí, acaban de llegar.

a. ¿Has hablado con el señor Arévalo?
b. ¿Ha llamado mi padre por teléfono?
c. ¿Has apuntado la dirección del hotel?
d. ¿Te has comprado este coche?
e. ¿El portero te ha dado la llave?
f. ¿Han llegado Vds. hoy?
g. ¿Les han invitado los señores Arévalo?

4. Say how long it is since various things happened (*¿Cuánto tiempo hace?*):

El tren llega a las 17.00 horas. Ahora son las 17.05.
– El tren ha llegado hace cinco minutos.

a. El tren llega a las 16.15. Ahora son las 17.15.
b. El avión sale a las 10.35. Ahora son las 11.00.
c. El cine empieza a las 23.00 horas. Ahora son las 23.30.
d. El banco cierra a las 16.00. Ahora son las 16.15
e. El autobús ha llegado a las 12.50. Ahora es la una (son las 13.00).

5. ¡Atención a los números! Lea Vd.:

a. Ese libro cuesta 730 pesetas.
b. Ese coche cuesta 600.000 pesetas.
c. ¿Cuánto le ha costado la cámara fotográfica?
   – 2.500 pesetas.
d. Esa serie de diapositivas, ¿cuánto cuesta?
   – 1.200 pesetas.
e. El viaje en avión a Madrid, ¿cuánto cuesta?
   – 34.900 pesetas, ida y vuelta (*return*).

6. A ver si Vd. sabe qué decir en esta situación:

MIGUEL – ¿Qué va a hacer el fin de semana?
Vd.   (That depends on the weather!)
MIGUEL Bueno, ¡es que no me gusta nada salir cuando llueve! Solamente salgo si hace sol.
Vd.   (You can't quite understand what he said. Does he mean that he doesn't like going out if it's raining?)
MIGUEL Sí, eso es. No me gusta nada salir cuando llueve.
Vd.   (But you can do a lot without leaving the town – doesn't he think so? (*no le parece?*)
MIGUEL Bueno, sí. Podemos ir a una discoteca, si quiere – o a un restaurante. ¿Qué quiere hacer? Estoy libre todo el fin de semana.
Vd.   (Fine – but you have to be at home on Sunday evening in any case because your parents are coming.)

7. Can you fill in the gaps in the following sentences using the correct idiom from the following list: *desde luego – desgraciadamente – de vez en cuando – en realidad – entonces – sobre todo.*

a. – Creo que Pedro no está en casa hoy.
   – _____ es mejor llamarle mañana.
b. – Mañana _____ no puedo salir porque hoy todavía tengo fiebre.

c. – ¿Le interesa ver la ciudad?
   – Sí, _____ la catedral y el museo.
d. – ¿Podría Vd. enseñarme la ciudad?
   – Con mucho gusto, pero _____ no puedo explicarle muchas cosas.
   Yo tampoco soy de aquí.
e. – ¿Conoce Vd. ya la catedral?
   – _____. Es lo primero que hay que ver.
f. – ¿Va Vd. mucho al campo?
   – Sí, los domingos salimos _____.

8. You've been shopping for things for a picnic. Can you write down what you bought and how much they cost – and give the total – in pesetas of course!

Lección 14

1. Instead of using the command form, give the following requests in a politer way using *querer*, e.g.:
Abra Vd. la ventana.
¿Quiere abrir la ventana, por favor?

a. Acompáñeme a la estación.
b. Aparque Vd. el coche aquí.
c. Arregle Vd. la ducha.
d. Busque Vd. el hotel.
e. Cierre Vd. la ventana.
f. Coma Vd. con nosotros.
g. Déme Vd. la llave del coche.
h. Dígame Vd. qué hora es.
i. Déjeme Vd. 3.000 pesetas.
j. Empiece Vd. a trabajar.

2. Now use the direct command form but add *por favor*! e.g.:
¿Quiere Vd. entrar?
Entre Vd., por favor.

a. ¿Quiere envolverme la botella?
b. ¿Quiere escribirme la semana que viene?
c. ¿Quiere escucharme un momento?
d. ¿Quiere esperarme un momento?
e. ¿Quiere explicarme cómo funciona esto?
f. ¿Quiere hablar más despacio?

g. ¿Quiere Vd. informarse, por favor?
h. ¿Quiere leer esta carta, por favor?
i. Vd. tiene que levantarse rápidamente.
j. ¿Quiere limpiar la mesa, por favor?

3. Can you say the following dates in Spanish? e.g.:
11. 12. 1984
el once de diciembre de mil novecientos ochenta y cuatro

a. 1. 1. 1980
b. 4. 3. 1981
c. 7. 5. 1982
d. 10. 7. 1983
e. 25. 6. 1984
f. 27. 2. 1985

g. 30.4.1987
h. 2.9.1986
i. 5.10.1985
j. 16.11.1990
k. 31.12.1989
l. 31.8.1990

4. Can you put the right forms of *mío* and *suyo* in the following sentences? e.g.:

Tengo un perro. El perro es *mío*.

a. Tengo una casa. La casa es _____.
b. Mi amigo también tiene una casa. Es _____.
c. Vd. ha venido en un coche nuevo. ¿Es _____?
d. El coche en que he venido yo no es _____.
e. Tengo muchas fotos de Latinoamérica. Las diapositivas que Vd. ha visto también
   son _____.
f. ¿De quién son esas fotos, señorita? ¿Son _____?

5. You go into a Spanish restaurant. You are meeting three friends but have not reserved a table. What would you say to the waiter – see if you can take part in the following conversation.

CAMARERO Buenas tardes, señor/señora. ¿Tiene Vd. una mesa reservada?
Vd.   (No, you haven't reserved (a table). A table for four, please.)
CAMARERO Aquí hay una mesa libre.
Vd.   (Could he bring the menu, please? What would he recommend today?)
CAMARERO La merluza a la vizcaína está muy bien hoy – ¡muy rica!
Vd.   (Say you don't like fish very much – on the whole you prefer meat.)
CAMARERO Pero la merluza a la vizcaína está riquísima hoy – ¿no quiere Vd. probarla?
Vd.   (Well, all right, you'll try it!)
CAMARERO Muy bien – en seguida. Y de beber ¿qué va a tomar?
Vd.   (A white house wine.)
CAMARERO Sí. (When you have finished your main course he comes back to ask you what
          you would like for dessert.) ¿Qué va a tomar de postre la señora?

Vd.   (You ask him to please bring you some fruit as dessert.)
CAMARERO De acuerdo.
Vd.   (Ask him to bring you the bill, and whether the service is included.)

6. You've had a letter from the hotel in Rosas, Costa Brava, where you usually stay on holiday, booking you for the wrong dates. They must have made a mistake! Write back to enquire and give the dates of your holiday fortnight again and the rooms and facilities you require (*doble* or *individual*; *con* or *sin baño/ducha*).

Lección 15

1. *¿qué?, ¿cuál?, ¿cuáles?*

a. – ¿_____ es el color que le gusta más?
    – ¿Cómo ha dicho?

b. – Le pregunto _____ color prefiere.
    – Bueno, todos los colores me gustan, pero

c. depende para _____. Para los zapatos, por ejemplo, hay un color que me gusta
    más que todos.

d. – ¿_____?
    – El negro, desde luego.

e. – ¿_____ falda te vas a poner?
    – Esa.

f. ¿_____?
    – La roja, ¿por qué preguntas? ¿No te gusta?
    – Sí, claro que me gusta, te va muy bien.

g. – ¿Y _____ zapatos vas a ponerte?

h. – ¿_____ te gustan más? ¿Éstos?
    – No, ésos no, los otros.

i. – ¿_____?
    – Los que has comprado hace poco.
    – Sí, tienes razón.

2. You're very pessimistic and reply to the following questions with *no creo que* . . .

a. ¿Nuestros amigos nos acompañan a la estación?
    – No creo que . . . .

b. Yo no conozco Sevilla, pero José lo conoce probablemente, ¿verdad?

c. En Sevilla podemos descansar un poco.

d. ¿El hotel cuesta lo mismo que el año pasado?

e. ¿Tu padre cena con nosotros hoy?

f. ¿Nos deja el coche para mañana?

g. Tú trabajas ahora mucho más que antes. ¿Se da cuenta tu mujer?

h. Has arreglado muchas cosas en la casa: la ducha que no funcionaba, la puerta del garaje, la ventana de la cocina . . . . ¿Se ha dado cuenta tu madre?

⊙ . . . .

3. Reply to the following statements using *me alegro que* . . .

a. Nuestros amigos nos acompañan a la estación.
   Me alegro que . . . .

b. Mi padre ya ha sacado los billetes.

c. En Sevilla podemos descansar un poco.

d. El hotel no cuesta mucho más que antes.

e. Salimos a las cuatro de la tarde. Pero antes, mi padre come con nosotros.

f. Nos ha invitado.

g. De momento no tenemos mucho dinero, y él se ha dado cuenta.

h. Incluso (*even*) nos da dinero para el viaje.

4. Now you're more optimistic! Contradict the following statements saying *yo creo que*, e.g.:

– No creo que venga Pepe.

– Yo creo que viene.

a. No creo que venga mañana.

b. No creo que tenga tiempo.

c. No creo que salga con nosotros.

d. No creo que haga el viaje con nosotros.

e. No creo que diga la verdad.

f. No creo que traiga a sus amigos (*that he will bring his friends with him*).

g. No creo que conozca nuestros problemas.

h. No creo que se ponga la chaqueta que a mí me gusta.

5. Re-write the following sentences putting the pronouns in the words in italics after the infinitive, e.g.:

Nos tenemos que ir en cinco minutos. – Tenemos que irnos.

a. Su madre está de viaje, ¿verdad? ¿Cuándo *la volverá a ver* Vd.?

b. Este libro es muy interesante. Si quiere, *se lo puedo dejar* una semana. Seguro que le gustará.

c. Mañana tengo mucho que hacer. *Me tengo que levantar* temprano.

d. ¿*Me podría Vd. llamar* por teléfono mañana? A las siete de la tarde suelo estar en casa.

e. Esta botella, *me la quiero llevar* mañana, y además, algunos bocadillos, para no tener que ir al restaurante.

f. Si el disco no llega hasta el sábado, es un problema porque yo salgo de la ciudad el domingo. *¿Me lo podría mandar por correo?*

g. Mi hermano no se queda. *Se tiene que marchar* esta tarde.

h. *¿Me lo puede meter* todo en una bolsa de plástico, por favor?

6. A ver si Vd. sabe qué decir en esta situación:

Vd. llama por teléfono a un amigo suyo porque le gustaría salir con él. Pero él está enfermo, y está solo en casa.

Vd.   (What a shame! It's such nice weather! Does he need anything?
        What's the matter with him? Is he in pain? Does he have a temperature? Should you take him some medicine (*medicina*) (use *llevar*)?)

JUAN   Muchas gracias, no te molestes. En seguida estaré mejor.

Vd.   (Does he want you to phone the doctor? It's always best to call the doctor.)

JUAN   No – ¡no es necesario! Me siento mucho mejor ahora – voy a levantarme pronto.

Vd.   (Oh, but when one has a temperature (*cuando uno tiene . . .*), it's best to stay in bed (use *hay que . . .*)
        If he likes, you could come to see him (use *pasar por tu casa*).

JUAN   Déjalo, no es necesario.

Vd.   (Unfortunately you don't think you'll have time tomorrow. You have to go away (*salir de viaje*).
        You hope he gets better (*¡Qué te mejores!*).

        Think what else you could have said to him.

7.   What clothes are you wearing today – can you describe them (giving the colour as well!)?

Lección 16

1.   Complete the following sentences using *creo que* or *espero que* as appropriate:

a. _____ mañana va a hacer buen tiempo.

b. Por lo menos _____ no llueva.

c. _____ tengamos buen tiempo, porque queremos hacer una excursión....

d. _____ la excursión será muy divertida, porque vamos con un grupo de amigos.

e. _____ todos puedan ir, porque es más agradable cuando vamos todos juntos.

f. _____ Carmen también irá con nosotros.

g. Pero _____ no haya problemas con mi coche, que desde hace algún tiempo no siempre funciona bien.

h. De todas formas, _____ nos gustará a todos salir un día de la ciudad, pues el aire está cada día peor....

2. Complete the following sentences using *hace, desde* or *desde hace* as appropriate:

a. – Pepe me ha llamado _____ algunos momentos.

b. Está en Madrid _____ el lunes pasado.

c. – ¿Cómo es posible? Está en Madrid _____ cinco días y no ha llamado antes....

d. – Dice que _____ enero tiene un nuevo trabajo que le deja muy poco tiempo libre.

e. Pero _____ el lunes que viene tendrá una semana libre, y entonces pasará por casa y tendremos tiempo de charlar de los viejos tiempos. Es la primera vez que nos visita

f. _____ mucho tiempo....

3. Say what you are going to do tomorrow – *¡cuente Vd. lo que hará mañana!*

Mañana nos visitará un amigo mío, a quien no he visto desde hace un año. Vendrá con su
a. mujer. Él me (contar) _____ cómo les ha ido, y yo les (contar)

b. _____ lo que he hecho en este año. Ellos

c. (tener que) _____ conocer a mi mujer, que todavía no conocen. Nosotros les

d. (enseñar) _____ nuestro piso que acabamos de comprar. Yo les (explicar)

e. _____ cómo hemos reunido el dinero para pagar la entrada, mi mujer

f. les (enseñar) _____ los muebles que hemos arreglado y pintado....
Luego les preguntaremos si ellos (quedarse)

g. _____ en Madrid o si (volver)

h. _____ a Francia a trabajar, si

i. (buscar) _____ trabajo aquí, si

j. (alquilar) _____ un piso, etc.

k. Y después, claro, (ir) _____ todos juntos a cenar.

4. Put the correct form of the verb in brackets in the following sentences:

a. Me alegro que me (llamar) _____ Vd. por teléfono al fin.

b. Espero que pronto (venir) _____ Vd. a vernos.

c. Quiero que Vd. conozca mi piso y que me (decir) _____ si le gusta.

d. ¿Sabe que me alegro mucho que Vd. (haberse casado) _____?

e. Espero que le (gustar) _____ la casa que hemos comprado.

f. Me alegro mucho que ahora (ganar) _____ Vd. más, porque con una familia....

g. ¿Y su mujer va a dejar el trabajo?
   – No creo que lo (dejar) _____.

h. Me alegro que (tener) _____ Vds. el piso cerca del mío.

i. ¿Es verdad que Vd. ha tenido un accidente?
   Espero que no le (haber) _____ pasado nada a Vd.

j. ¿Es verdad que ha dejado de fumar Vd.?
   Entonces espero que no (volver) _____ a empezar, sería una lástima.

k. – Le ha costado mucho trabajo a mi marido, pero ahora no creo que vaya a fumar otra vez.
   Por lo menos espero que no lo (hacer) _____.

5. Complete the second sentence in each of the following pairs using a verb with the opposite meaning (in (b.) use the verb meaning 'to rent'):

a. – ¿Vas a comprar un coche nuevo?
   – Sí, pero antes tengo que _____ el otro.

b. – ¿Vas a comprar el piso?
   – No, lo voy a _____.

c. – ¿Tu mujer va a seguir con el trabajo que tiene en Galerías Preciados?
   – No, creo que lo va a _____.

d. – Me parece que tú gastas demasiado dinero.
   – Claro que gasto bastante, pero desde hace algún tiempo _____ más que antes.

e. – ¿Habéis comprado muchas cosas nuevas para vuestro piso?
   – No, casi todas las cosas son _____.

f. – ¿Os ha salido barato el piso?
   – ¡Qué pregunta! Nos ha salido bastante _____.

g. – ¿Tu madre está bien?
   – No, de momento está bastante _____.

6. A ver si Vd. sabe qué decir en esta situación. Vd. entra en una tienda porque quiere comprar una chaqueta. (You go into a shop because you want to buy a jacket.)

DEPENDIENTA	Buenos dias, señor/señora. ¿Qué desea Vd.?
Vd.	(Say you'd like to try on the blue jacket that they have in the window. How much is it?)
DEPENDIENTA	Es muy bonita, ¿no? Es de lana escocesa (Scotch). Es muy barata – cuesta solamente mil quinientas pesetas.
Vd.	(Is it pure wool (*pura*)?)
DEPENDIENTA	Sí, sí – es de lana pura. Es de muy buena calidad (quality). ¿Le gusta a Vd.?
Vd.	(Say yes – but do they have the same jacket in grey – you prefer grey)
DEPENDIENTA	Sí, la tenemos en gris. También es muy bonita – muy elegante (elegant), ¿no?
Vd.	(How much is it?)
DEPENDIENTE	Vale también mil quinientas pesetas. Para esta calidad es muy barata.
Vd.	(It's still pretty expensive! Ask if they haven't got a cheaper one.)
DEPENDIENTE	Pues, no señora. Es que la chaqueta es de lana pura y esta calidad es siempre un poco cara. Pero, ya ve Vd. – ¡es de tan buena calidad!
Vd.	(Say you'll have to think it over. You'll come back again with your wife/husband.)

7. Comprensión auditiva

Vd. quiere comprar muebles de jardín. Escuche lo que le dicen en la quinta planta de unos grandes almacenes, sección de muebles.

¿Lo dice?

	sí	no
Tienen muebles de metal, pintados.	☐	☐
También tienen muebles de madera.	☐	☐
Los de madera están pintados en blanco o negro.	☐	☐

Lección 17

1. El chico que habla en el texto primero de la lección, ¿por qué no tenía ganas de viajar con sus padres?

a. (entenderse) _____ muy bien con sus padres.

b. Pero ellos siempre (visitar) _____ castillos y museos.

c. A él eso no le (gustar) _____ demasiado.

d. Un museo cada día le (parecer) _____ demasiado.

e. A veces los (dejar) _____ ir solos al museo y

f. (quedarse) _____ en un bar a tomar un café.

g. A él le (interesar) _____ también otras cosas.

h. (pensar) _____ que no había que hacer siempre las mismas cosas.

i. Le (interesar) _____ saber cómo vivía la gente, cuáles eran sus problemas, qué pensaban de la situación política, económica, social etc.

2. *¿Por qué no vino Vd. ayer?* Why didn't you come yesterday? Give your reasons using the Imperfect Tense.

a. (estar) _____ enfermo/enferma.

b. Me (doler) _____ la cabeza.

c. (hacer) _____ mal tiempo.

d. (querer) _____ trabajar en casa.

e. (tener que) _____ terminar un trabajo.

f. Me (ser) _____ imposible.

g. (hay) _____ demasiado trabajo en la oficina.

h. Para decir la verdad, no (tener) _____ ganas de salir de casa.

i. Mi hija (estar) _____ mal.

3. Complete the following sentences using *tan – tanto – mucho – más* as appropriate:

a. Un obrero (*worker*) español, ¿gana _____ como un obrero inglés o un obrero francés?

b. No sé cuánto gana, pero los trabajadores del campo (*agricultural workers*) no ganan _____ .

c. La gasolina ha subido _____ .

d. Pero hay otras cosas que no han subido _____ .

e. Al otro lado, hay cosas que resultan _____ caras que nadie las puede pagar.

f. En general, la vida ha subido _____ .

g. La gente gana _____ que antes, pero con lo que gana no puede

h. comprar _____ como antes. Es la inflación....

4. Una conversación entre los padres de Pepe.

a. – No creo que Pepe (venir) _____ con nosotros este año.

b. – Me alegro que hasta ahora siempre (haber viajado) _____ con nosotros, pero ahora me parece que ya tiene que vivir su vida, viajar con sus amigos, hacer lo que quiera....

– No creo que sea tan aburrido viajar con nosotros, y además, ¿no ha hecho siempre lo que quería hacer?

c. – Yo no creo que un chico de esta edad (*age*) (tener que) _____ viajar siempre

d. – con sus padres. No quiero que (visitar) _____ museos y catedrales si en realidad

e. – lo que a él le interesa es otra cosa. Me alegro que (decir) _____ lo que le interesa,

f. – que (hacer) _____ lo que le gusta hacer, que

g. – (salir) _____ con sus amigos, que los

h. – (traer) _____ a casa....

i. – Y claro, espero que (venir) _____ de vez en cuando con nosotros. Pero si no tiene ganas, ¡que no lo haga!

5. Complete the second sentence in each of the following pairs using a word with the opposite meaning.

a. – ¿Es la segunda calle a la derecha?
   – No, a la _____ .

b. – Los dos aviones llegan al mismo tiempo, ¿no?
   – No, el de París llega un poco _____ .

c. – ¿Tu padre es muy viejo?
   – No, todavía es _____ .

d. – El gazpacho es una especie de sopa, pero no se come _____ , sino frío.

e. – Vivimos en la ciudad, pero me gustaría más vivir en _____ .

f. – Mi hermano vive cerca de nosotros.
   – El mío vive bastante _____ .

g. – No tengo hambre, pero me gustaría beber algo. Tengo _____.

h. – ¿Tiene Vd. tiempo?
   – Más tarde, sí, pero _____, no.

i. – ¡Qué vestido tan elegante lleva Luisa!
   – ¿Lo encuentra Vd. elegante? ¡Es _____!

j. – ¿La farmacia está al mismo lado que la librería?
   – No, está _____.

k. – ¿Lo hace Vd. enseguida?
   – No, tendré que hacerlo _____.

l. – ¿Vais juntos al cine?
   – No, voy _____.

m. – ¿Y todo eso lo hace Vd. al mismo tiempo?
   – No, tengo que hacerlo _____.

6. A ver si Vd. sabe qué decir en estas situaciones. (Esta vez, son varias situaciones diferentes.)

a. Your Spanish visitor is about to leave, but you still have something to do. Ask him politely to wait for a minute.

b. You think there is a flight at 17.15 and want to book a ticket:

  – Un billete para Madrid, el domingo que viene, para el vuelo de las cinco y cuarto.
  – A las cinco y cuarto no hay ningún vuelo para Madrid.
  – Ask if the booking clerk is sure of this as you have looked up (*mirar*) the timetable, which is valid as from Saturday.

c. There is a book on the table in the hotel entrance hall in which you are interested. Two ladies are sitting nearby. Ask one of them if the book belongs to her and whether you can look at it for a moment, because you are very interested in it. Thank her and say that it is very nice of her.

d. You have booked a room but the hotel porter apologises saying the room is not ready yet –
  Lo siento, pero la habitación todavía no está arreglada.
  Say that it doesn't matter, but where can you leave the cases for the moment?

e. You get out of the lift in the hotel and see an old lady trying to open the door of your room. Say that she must be mistaken, the room is yours. (She is very embarrassed and apologises.)
  Tell her not to worry – it doesn't matter! Ask her if you can see her key (*la llave*).
  Tell her that her room is on a floor higher up.

7. The good old days! . . . Tell a friend that you think life was much better 20 years ago. (*La vida era más tranquila, no había tanto tráfico, etc* . . .) If you can, find a friend who is also studying Spanish – he/she can contradict you. (*No es verdad – había mucha pobreza* (poverty) etc. . . .)

8. What do you like to do on holiday – visit old castles and buildings or go somewhere where there is a lot of night life? Write a few lines in Spanish, starting with *En las vacaciones me gusta* . . .

Lección 18

1. Hoy he tenido visita. Ayer también tuve visita.

a. He tomado una aspirina. Ayer también _____ una.
b. He pasado por casa de mis padres. La semana pasada también _____ por su casa.
c. Hoy he llegado tarde a la estación. Ayer también _____ tarde.
d. He perdido el tren. Ayer también lo _____ .
e. Hoy me he levantado temprano. Ayer me _____ a la misma hora.
f. Hoy he tenido que trabajar mucho. Ayer no _____ que trabajar tanto.

2. What did you do last week-end? Put the following verbs into the Preterite Tense starting with: *Pues yo* . . .

a. quedarse en casa **b.** desayunar a las 10 **c.** leer unos periódicos **d.** jugar con los niños
e. invitar a un amigo **f.** tener que escribir varias cartas **g.** hacer un plan para las vacaciones
h. no poder salir **i.** estar en casa casi todo el día **j.** por la tarde, ir a ver un momento a unos amigos.
Did you do anything else – if so, what?

3. ¿Y qué hicieron sus amigos? Vd. lo sabe, cuéntelo, por favor.
– Say what your friends did starting with: *Pues, mis amigos* . . .

a. acompañar a un amigo que quería conocer la ciudad **b.** ir al museo con él **c.** invitarle a comer **d.** después de comer, salir a dar un paseo **e.** volver a casa porque empezó a llover
f. tener que quedarse en casa porque se habían mojado
Did they do anything else – if so, what?

4. What did your friend do? Write down what he did.
– *Pues mi amigo* . . . .

a. llamar por teléfono a unos amigos **b.** quedar en verse con ellos **c.** quedar en salir con ellos
d. ir a la parada del autobús **e.** encontrarse allí con otro amigo **f.** no poder acompañarle (porque había quedado en salir con los otros) **g.** tener que esperar mucho (porque no venía ningún autobús) **h.** estar esperando media hora **i.** hacer lo único (*the only thing*) que podía hacer: **j.** tomar un taxi

Can you think of anything else he might have done – if so, what?

5. You spoke to a fellow guest, a lady, in the hotel yesterday and told her what she could do that day. You meet her again today at breakfast and ask her how she got on yesterday:

a. ¿Qué tal lo (pasar) _____ ayer?
b. ¿(hacer) _____ la excursión que le recomendé yo?
c. ¿(ir) _____ Vd. a Toledo?
d. ¿Qué tal (ser) _____ la excursión?
e. ¿A qué hora (salir) _____ Vd.?
f. ¿(tener) _____ Vd. suerte con el tiempo?
g. ¿(poder) _____ Vd. ver todo lo que quería ver?
h. ¿Cuándo (volver) _____ Vd.?
i. ¿Por qué no me (llamar) _____ desde la estación?

6. A friend comes to see you – take part in the following conversation with her:

a. JULIA   – Me he comprado un coche, de segunda mano.
  Vd.   (Ask what kind of car it is.)
b. JULIA   – Mira por la ventana, allí está.
  Vd.   (There are several cars there. Ask which one hers is – the yellow, the blue or the green?)
  JULIA   Es el azul.
c. Your friend has a pretty bag (*un bolso*). (What sort of material is it made from – leather?)
  Vd.   (Ask her how long she's had the bag. Say that it's the first time you have seen it.)
  JULIA   Pues, yo lo tengo desde hace muchos años. ¿Es la primera vez que tú lo has visto? Es de piel muy fina – fue muy caro pero me gusta mucho, y puedo llevarlo con muchos vestidos. ¡Es muy práctico!
d. Your friend is looking very pretty today.
  Vd.   (Tell her she is looking very pretty today in (*con*) that dress!)
  JULIA   – ¡Muchas gracias! ¡Eres muy amable!
e. Your friend has brought you a magazine. Before she goes thank her for the magazine and say that you are glad that she has come.
f. JULIA   – De nada, mujer (hombre). ¡Me ha gustado tanto verte otra vez! Ahora tengo que pasar por casa de Carmen.
  Vd.   Please give her your regards (*recuerdos*).
g. JULIA   – ¿No podríamos salir juntos(as) mañana?
  Vd.   (You don't think you'll have time tomorrow. Your father is coming to visit you.)

Lección 19

1. Ponga Vd. la forma correcta del verbo.

– ¿Qué van a hacer Vds. mañana?

a.　– Creo que (ir) _____ de excursión.

b.　Espero que (hacer) _____ buen tiempo, para que mis hijas

c.　(poder) _____ ir a una piscina que hay al lado del restaurante donde solemos comer.

d.　– Pues no creo que mañana (hacer) _____ frío.

e.　Tampoco creo que (ir a llover) _____.

f.　Me parece que (ir a hacer) _____ un día estupendo.

g.　– ¿Quiere que le (llamar por teléfono) _____ antes de irnos? Si quiere, puede ir con nosotros.

　　– Es Vd. muy amable. Claro que me gustaría ir con Vds.

　　– Pues muy bien. Estoy segura que mis hijas se alegrarán mucho de que Vd. nos (acompañar)

h.　_____. Salimos a las diez de la mañana.

i.　Yo creo que (ser) _____ buena hora, ¿no le parece?

　　– De acuerdo, muchas gracias, y hasta mañana.

2. ¿Qué hizo Vd. el viernes? (N.B. The Past Participle of *volver* is *vuelto*.)

¿El viernes? No hice nada extraordinario. Tuve que ir a Salamanca para arreglar allí algunas cosas. Primero quería ir en coche, pero luego lo pensé bien y fui en tren. Desde luego fue más cómodo que ir en coche. Salí a las nueve, hablé con unos señores en Salamanca, comí con ellos, me quedé todavía para tomar café y charlar, y luego me volví a Madrid sobre las 6.
Y luego estaba ya tan cansado que prácticamente no hice nada más. En fin . . . .

Ahora, Vd. cuenta lo mismo, pero no varios días después, sino en el mismo día. ¿Qué has hecho hoy?
¿Hoy? Hoy no _____ nada extraordinario.

3.　*Contrarios* – can you find words or expressions which mean the opposite of the ones in the sentences below, and afterwards use them in a simple sentence?

a.　me quedo en casa a cenar

b.　me ha costado trabajo

c.　he entendido algo

d.　el uno

e.　es lo mismo

f.　antes de las siete

g. ¡cuánto cuesta!

h. lo hago así

i. alguien

j. algo

k. trabajar

l. terminar el trabajo

4. A ver si Vd. sabe qué decir en esta situación:
Después de mucho tiempo, Vd. vuelve a ver a un antiguo compañero de trabajo.

What would you say in the following conversation?

JUAN   – Trabajo ahora en Sevilla, ¿sabes? Es un buen trabajo . . .

(a) Vd.   (How long has he been working there? You're glad that he has found a good job) (*un buen trabajo*).

JUAN   – Trabajo allí desde hace tres meses. Me gusta mucho.

(b) Vd.   (You're glad that he likes the work. Ask him if he already has a flat in Seville, whether he has bought it or whether he rents it and whether his family are already in Seville.)

JUAN   – Tengo un piso moderno y muy cómodo, que alquilamos. Mi mujer y mis hijos están ya en Sevilla y a ellos les gusta mucho vivir aquí – ¡es una ciudad tan bonita! ¿Tienes ya un piso aquí?

(c) Vd.   (Tell him you've just rented a flat. It has four rooms, kitchen, bath, a large balcony . . .

(d)   It's on the third floor in an old house without a lift (*ascensor*). A lot of things need to be done (*arreglar*), but it's not too expensive.

(e)   You really wanted a smaller flat, but it's so difficult to find a cheap flat and you didn't want to look any longer.)

JUAN   – Tienes ya todos los muebles, ¿verdad?

(f) Vd.   (Yes, more or less. But the fridge has broken down, and you're now looking for a second-hand one . . .)

5. You're on holiday in Madrid. Write a postcard to a friend in London saying how much you are enjoying the holiday. (*Madrid – me gusta muchísimo – muy interesante – hotel muy bueno – 40 grados – visitar El Prado y el parque El Retiro, también El Rastro – ir a Toledo mañana – grupo muy simpático – entenderse bien – amigos nuevos*)

Lección 20

1. Ponga Vd. la contestación según el modelo:

– ¿Cuándo visitará Vd. a su hijo en América?

– (me invitará) Cuando me invite.

a. ¿Cuando venderá Vd. su coche?
   (tendré el dinero para comprar otro nuevo)
b. ¿Cuándo saldrá* Vd. de viaje?
   (tendré todo preparado)
c. ¿Cuándo sabrá* Vd. exactamente el día?
   (recibiré un telegrama de mi jefe)
d. ¿Cuándo tendrá Vd. más tiempo?
   (volveré del viaje)
e. ¿Cuándo se irá Vd. de vacaciones este año?
   (tendré tiempo, pero todavía no sé cuándo)
f. ¿Cuándo dejará Vd. de fumar?
   (me lo prohibirá* el médico)
g. ¿Cuándo va Vd. a dar un paseo hoy?
   (vendrá mi hermano)
h. ¿Cuándo irá Vd. a París?
   (me lo dirá mi jefe)
i. ¿Cuándo volverá Vd. de París?
   (habré* terminado lo que tengo que hacer allí)

2. Ponga Vd. las formas correctas:

– ¿Vd, vuelve a Madrid?
– Sí, esta noche.
– Mañana viene el señor García. ¿Quiere que
a. (decirle) _____ algo?
b. – Sí, por favor, dígale que (llamarme) _____ o que
c. (escribirme) _____ o que
d. (mandarme) _____ un telegrama,
e. o que (pasar) _____
f. por mi casa cuando (ir) _____ a Madrid la semana que viene o cuando
g. (querer) _____, pero dígale que
h. (no olvidarse) _____ porque me gustaría al fin saber exactamente lo que vamos a hacer....

3. Apologise for doing the things in the sentences below according to the example:
Vd. llega tarde. Vd. dice:
– Siento llegar tarde. (o: Siento que llegue tarde./Perdone Vd. que llegue tarde.)

---

* saldrá – va a salir
  sabrá – va a saber
  prohibirá – va a prohibir (*to forbid*)
  vendrá – va a venir
  dirá – va a decir
  habré terminado (*I will have finished*)

a. Vd. no ha podido llamar.
b. Vd. no ha llamado por teléfono.
c. Se le ha olvidado.
d. Vd. ha tirado el vaso de vino.
e. Se le han caído al suelo las patatas.
f. Vd. no se ha dado cuenta (de que la otra persona estaba esperando).
g. Vd. molesta (a la otra persona).
h. Vd. no tiene tiempo ahora.

4. Ponga Vd. las palabras que faltan:

a. – ¿Quiere Vd. abrir la puerta, por favor?
 – La puerta está _____.
b. – ¿Le dices al camarero que traiga más vino?
 – Ya se lo he _____.
c. – ¿Cuándo vas a escribir a tus padres?
 – Ya les he _____ una postal.
d. – ¿No tienes nada más que hacer?
 – No, ya he _____ todo lo que tenía que hacer.
e. – ¿Verás mañana al señor García?
 – Mañana, no. Lo he _____ hoy.
f. – ¿Cuándo volverán tus amigos de la excursión?
 – Han _____ esta tarde.
g. – Cuidado (*careful*), no rompas el vaso.
 – Ay, se me ha caído. Está _____.

There are two more irregular past participles which you can now learn:
– ¿Ya has puesto la mesa?
– La voy a poner enseguida.
– Dicen que se está muriendo (morirse) el señor ese de enfrente tan mayor.
– Pero yo creo que ya se ha muerto, ¿no?

5. Can you take part in the following conversation?

JULIO ¿Vamos al cine? Te invito.
(a) Vd. (Say you don't feel like going to the cinema today. There's a good programme on the television. Doesn't he think it would be a good idea to stay at home and watch television?)
JUAN – Me gustaría más ir al cine. Hay una película tan buena en "El Excelsior". Se llama "Te amo hasta la muerte".
(b) Vd. (In the end you went to the cinema with him. Ask him if he enjoyed the film and what he thought of it. Which of the two actresses (*las actrices*) did he prefer – the blond one or the dark one?)

	JUAN	– Pues, me ha gustado más la rubía – ¡es guapísima y además ha hecho tan bien el papel (*the role*)!
(c)	Vd.	(By the way, you met Carmen López the other day.)
	JUAN	– ¿Carmen López? ¿Quién es?
	Vd.	(Doesn't he remember her – we met her last year on holiday (*conocer* = to meet, to get to know). She liked swimming (*nadar* = to swim) and swam very well. She is quite tall (*alta*) and dark haired . . .
	JUAN	– Pues, sí – ¡la conozco! ¿Estaba allí con su novio, un chico muy simpático de Alicante?
(d)	Vd.	(Yes, exactly! She told you to give him her regards.)

6. Can you describe in Spanish what you used to do on holiday when you were young? (*íbamos a la playa todos los días – tomábamos el sol – hacíamos muchas excursiones – visitábamos a nuestros amigos, etcétera.*)

7. Can you say what you did last week-end, answering some of the following questions?

¿Qué tiempo hacía?
¿Cómo estaba Vd.? ¿Cómo se encontraba?
¿Estaba Vd. cansado o lleno (*full*) de fuerzas (*energy, strength*)?
Entonces, ¿qué hizo Vd.?
¿Se quedó en casa?
¿Leyó* un libro?
¿Vio la televisión?
¿Oyó* música?
¿Invitó Vd. a alguien a venir a su casa?
¿O salió Vd.?
¿Salió a dar una vuelta?
¿Fue al cine o al teatro?
¿Fue al campo?
¿Fue a casa de unos amigos?
¿Le invitó alguien?
En total, ¿lo pasó Vd. bien o fue un fin de semana un poco aburrido?

*leyó – *from* leer
oyó – *from* oír

Lección 21

1. Ponga Vd. la palabra (preposición) correcta:

a. Me alegro _____ buen tiempo que hace.

b. Estoy en casa. ¿Puede venir _____ buscarme?

c. Mi mujer no está en casa. Tengo que cuidar _____ los niños.

d. Lo voy a hacer, pero hoy no me da tiempo _____ hacerlo.

e. A mi mujer no le gustaría trabajar de momento. Prefiere dedicarse _____ los niños pequeños, que le dan mucho trabajo.

f. En las vacaciones, dejaré _____ fumar.

g. No sé qué vamos a hacer mañana. Depende un poco _____ tiempo.

h. Ahora que tenemos un hijo, mi marido empieza _____ ayudarme un poco en casa, pero en fin....

2. Señora A. is unlucky, her husband, who used to help her in the house a lot, now has much more work and also has to travel a lot, so he can't help her so much. However, yesterday was an exception as it was her birthday and also she didn't feel very well so he helped her a lot. Can you do the following exercise (according to the example below). Remember that the imperfect tense is used in Spanish for habitual action in the past and the preterite for single or "one-off" actions.

Cuenta ella:

Ayer fue mi cumpleaños, y además, no me encontré muy bien.

Mi marido preparó el desayuno. (Antes, siempre lo preparaba él.)

a. Hizo las camas. (Antes, siempre las _____ él.)

b. Me ayudó a limpiar la casa. (Antes me _____ muchas veces.)

c. Llevó a la niña al colegio. (Antes, la _____ por lo menos tres veces a la semana.)

d. Fue a hacer la compra. (Antes _____ muchas veces a hacerla conmigo.)

e. Lavó los platos. (Antes, los _____ de vez en cuando. Ahora está hablando de comprarme una máquina lava-platos o lava-vajillas.)

f. Se levantó cuando la niña lloró por la noche. (Antes _____ casi siempre él quien se _____.)

3. El marido de la señora A. cuenta lo que hizo ayer, porque era el cumpleaños de su mujer, y además, ella no se encontraba muy bien. (Vea Vd. el ejercicio 2).

– Preparé el desayuno. (Antes, cuando tenía todavía más tiempo, casi siempre lo preparaba yo, y me gustaba hacerlo....)

a. ....

4. Aconséjele a su amigo lo contrario (*advise your friend to do the opposite*):
- Mañana iré a Barcelona.
- Es mejor que no vayas.

a. Tomaré parte en la excursión. **b.** Preguntaré por qué no ha venido ella. **c.** Protestaré en la dirección antes de irme. **d.** Haré la reparación yo mismo. **e.** Hablaré hoy mismo (*today*) con el jefe. **f.** Haré el viaje de todas maneras. **g.** Compraré ese coche de segunda mano, que es muy barato.

5. Vd. no está muy seguro y contesta de la forma siguiente:
- ¿Viene Paco?
- Es posible que venga.

a. ¿Tú crees que Pepe tendrá tiempo hoy? **b.** ¿Es Elena la novia de Pepe? **c.** ¿Tu padre está en casa? **d.** ¿Tu hermana va al cine esta noche? **e.** ¿Puede hacer ese trabajo tu hermano? **f.** ¿Conoce tu padre al señor Gutiérrez?

6. Vd. no sabe exactamente lo que le preguntan, pero cree que sí. Por eso contesta Vd. de la manera siguiente:
- ¿Vendrá Paco? / ¿Va a venir Paco?
- Es probable que venga.

a. ¿Va a haber problemas? **b.** ¿Vas a ver ese programa en la tele (televisión)? **c.** ¿Vas a volver mañana? **d.** ¿Empezarás a aprender francés? **e.** ¿Va a salir Carmen esta noche? **f.** ¿Tu hermano podrá hacer ese viaje? (poder) **g.** ¿Crees que tu padre va a decir que sí/dirá que sí? **h.** ¿Traerá Carmen la guitarra para cantar? **i.** ¿Te dará tu padre el coche? **j.** ¿Se va a poner/se pondrá la niña el vestido nuevo que le has comprado?

7. A ver si Vd. sabe qué decir en esta situación:

Un señor que conoce Vd. hizo ayer una excursión en grupo. Vd. quiere hacerle algunas preguntas:

a. – How did you like the trip yesterday?
b. – Were you lucky with the weather?
c. – Did it rain? Did it snow in the mountain(s)?
d. – Could you do what you had planned (use *pensar*)?
e. – Did your wife go with you?
f. – Did your children go with you as well?

Vd. también le cuenta lo que hicieron Vd. y su mujer/su marido/su novio el pasado fin de semana.

g. – We got up early.
h. – We went to the sea/beach.
i. – We swam and we sunbathed.

j. – We enjoyed it a lot (use *gustar*) because the weather was very good.

k. – We stayed on the beach until 5 p.m.

l. – Then we went home.

m.– We arrived very late – at 10 p.m. – because there was a terrific lot of traffic.

8. You are discussing with a friend how much or how little a man should help his wife in the house. Argue this in pairs using as many as possible of the following phrases:

To agree:	*To disagree:*
– Claro. Desde luego.	– No creo.
– Sí, tiene Vd. razón.	– No estoy de acuerdo con esto/con Vd.
– Yo también creo que . . .	– Sí, tiene Vd. razón, pero . . .
– Claro, es lo que digo, y además . . .?	– Bueno, sí, pero . . .
– Estoy completamente de acuerdo con Vd.	– Pero por lo menos hay que decir que . . .
– Estoy de acuerdo con lo que dice el señor A. porque . . .	– En fin, no sé . . .
– ¡Muy bien dicho!	

Lección 22

1. Ponga Vd. la palabra (preposición) correcta:

a. – ¿Vas a reservar una mesa para cenar?

   – Sí, _____ eso me encargo yo.

b. – ¿Cómo? ¿Vd, viene hoy? Habíamos quedado en vernos mañana.

   – Ah, claro, me he equivocado _____ el día.

c. – ¿Vamos mañana? Me parece mejor que pasado mañana.

   – Pues yo estoy _____ acuerdo.

d. – Mañana no podré venir.

   – Podemos hablar _____ teléfono.

e. – Entonces resulta que Vd. compra la casa.

   – Primero tenemos que hablar _____ el precio.

f. – ¿Vio Vd. anoche el programa de televisión?

   – No, es que llegué muy tarde _____ casa.

g. – ¿Se olvidó Vd. _____ llamarme?

   – No, es que no tuve tiempo.

h. – Mañana será un poco difícil que nos veamos.

   – Si quiere, pasaré _____ su casa.

2. Vd. está hablando con un señor que acaba de conocer en el tren.

a. ¿Vamos a tomar algo en el coche-restaurante?

   (venir) _____ Vd., le invito a tomar café.

b. (sentarse) _____ Vd. aquí, parece que está libre.

c. Vd. ha dicho que va a México. (tomarse) _____ Vd. el tiempo de visitar Yucatán.

d. Vd. ha dicho que quiere seguir el viaje esta noche, pero llegaremos a B. con bastante retraso. (quedarse) _____ Vd. hasta mañana, le puedo recomendar un hotel tranquilo.

e. Sí, es posible que el banco en la estación esté cerrado a estas horas. Pero (no preocuparse) _____ Vd., le puedo cambiar algo.

f. (A la llegada, ese señor quiere ayudarle con sus maletas, pero Vd. le dice:) (no molestarse) _____ Vd., no son muy pesadas.

3. Trate Vd. de distinguir los tiempos – use the correct past tense in the following sentences:

a. Fui al dentista porque me (doler) _____ una muela.

b. (no pedir) _____ hora porque (estar) _____ de paso en la ciudad y tenía que seguir el viaje.

c. (preguntar) _____ a la señorita si el doctor me podía ver.

d. Ella me (decir) _____ que le iba a preguntar/que le preguntaría.

e. Media hora después, el dentista me (sacar) _____ la muela. Fue la única solución.

4. Can you think of another word, or words, you could use instead of the one(s) in italics in the following sentences – this will help you to find other ways of saying things if you can't think of the right word(s) at the time!

a. Hola, Carmen, ¿qué tal? Quería *invitarte* esta noche a ir al cine.

b. *Volveré* a llamarte mañana.

c. *Tengo la intención de* llamar al médico.

d. Cuando empiecen las vacaciones y los chicos *descansen del* colegio, se van a poner mejor.

e. Anoche *me di cuenta de que* estabas desilusionado y triste. (darse cuenta)

f. *Pruebe Vd.* por lo menos el vino, es muy ligero y agradable.

g. He probado *un pedazo de* carne, pero no puedo comer más.

h. Hoy no tengo *ganas* de comer.

i. *En ese caso* puede quedarse Vd.

5. You're in agony – you're on holiday in a strange town and – of all things! – you've lost a filling (*un empaste*) (you say: *se me ha roto un empaste*). It was while you were eating that chop yesterday evening. You call in at the nearest dentist and hope and pray he can put in another filling (*hacer un empaste*). What would you say when arriving at the dentist's? (*estar de paso en la ciudad – se le ha roto un empaste – mañana tener que seguir el viaje – muy urgente – ¿poder recibirle el doctor?*

Lección 23

1. Ponga Vd. la palabra (preposición) correcta:

a. – ¿_____ qué estás pensando?

– _____ las vacaciones. ¡Qué ilusión tener por fin vacaciones!

b. – ¿Vienes mañana?

– Mañana no puedo, he quedado _____ unos amigos. Pero pasado mañana, si quieres....

c. – ¿Has hablado con Juan?

– No, quedó _____ llamarme o venir a buscarme esta tarde, pero nada.... Ni ha llamado ni me ha venido a buscar.

d. – ¿Nos sentamos _____ esta mesa? Desde aquí vemos la plaza, que es muy bonita....

e. – ¡Cuánto ha tardado Vd. _____ venir!

– Lo siento, pero he tenido un accidente en la carretera.

f. – ¿Puede Vd. venir a las siete de la tarde?

– Sí, trataré _____ no llegar tarde.

g. – ¿Cuándo podemos volver _____ vernos?

– Cuando quiera. Mañana, por ejemplo.

h. – Tenía la intención _____ invitarle para mi cumpleaños, pero resulta que estaré de viaje....

2. *Contrarios* – Try to find words or phrases which mean the opposite of those in the following list and use them in short, simple sentences:

a. hemos tenido suerte
b. yo mismo
c. siempre
d. son iguales
e. empezar a llover
f. volver a escribir
g. alegrarse por Juan
h. una habitación doble
i. estar en casa

3. Can you find words of similar meaning to those in italics, which you could use instead?

a. Las dos hermanas son bastante *parecidas.*
b. Nos vemos la *próxima* semana.
c. No es *suficiente.*
d. Podemos *empezar* con unas gambas a la plancha.
e. Ahora fumo *la mitad* de lo que fumaba antes.
f. Estos cigarrillos son muy *populares* en España.
g. *Prefiero* ir andando.

4. Explain how nice, etc. the following things are, e.g.:

– Hace una noche muy bonita . . .

– Sí, ¡qué noche más bonita (hace)!

a. ¿Le gusta la sopa? Está muy rica....

b. El traje que lleva Pepe es muy práctico....

c. La habitación que me han dado es muy simpática....

d. Mi secretaria es muy amable.

e. La cocina de Beatriz es muy moderna.

f. Mira el traje que me he comprado. Es muy ligero.

5. Ponga Vd. la forma correcta de los verbos:

En una oficina:

– ¿Está el señor Lozano?

a. – No, todavía no (llegar) _____.

b. – ¿Sabe Vd. cuándo (venir) _____, más o menos?

c. – No (tardar) _____ mucho. Media hora como máximo, diría yo.

– Soy un amigo suyo (*a friend of his*). Le había escrito que vendría hoy.

– Ah, sí, es cierto (*that's right*). Es Vd. el señor Galindo, ¿verdad? ¿Quiere Vd. esperarle aquí?

d. – Pues mire Vd., (preferir) _____ ir enfrente a tomar un café, y luego

e. (volver) _____ ....

f. – De todas formas, cuando (llegar) _____ el señor Lozano le diré que Vd. ya ha estado aquí....

6. ¿Qué diría Vd. en esta situación?

Le llama por teléfono un amigo que pasa de vez en cuando por la ciudad en que vive Vd.

– Soy yo, Jorge, ¿cómo estás?

a. – (You haven't understood who is speaking.)

– Soy Jorge, Jorge Pérez, de Barcelona . . .

b. – (You're very surprised and delighted to hear who it is. Ask him how he is.)

– Muy bien, gracias.

c. – (Ask him how long it is since you have seen each other – it must be at least four months.)

– Sí, hace mucho tiempo. Oye, ¿sabes qué? Estoy de paso y me gustaría verte un rato y charlar.

d. – (Tell him that you are very sorry but you haven't got the time at the moment because you have a terrific lot of work. But when he comes next time, it will be different. Then you'll be able to go out together.)

e. – (By the way, he hasn't yet met your fiancé(e) (*novio/-a*), has he? Next time, you'll introduce them. You're sorry that it is not possible this time.)
f. – (Ask him how his wife is.)
   – Gracias muy bien. En realidad, quería venir conmigo, pero de repente se puso enferma la niña, y he tenido que viajar solo.
g. – (What a shame! You hope the child will get better soon. Say that you are sorry, you haven't any more time today.)
   – En fin, ¿qué le vamos a hacer (*there's nothing we can do*)? Entonces, hasta la próxima vez.
h.   (Wish him all the best.)

7. You are sending a birthday card to a friend in Spain. What could you put on the envelope?

Lección 24

1. Reply to the following questions using the future tense as a supposition. e.g:
– ¿Ha llegado el señor García? (sí)
– Sí, habrá llegado.

a. ¿Está en casa Pepe? (sí)
b. ¿Cuántos años tiene Carmen? (unos 20 años)
c. ¿Qué hora es? (las 3)
d. ¿Qué tiempo hace hoy en la costa? (buen tiempo)
e. Juan todavía no ha llegado. ¿Sabe alguien si puede venir? (hoy no)
f. Y Anita, ¿tiene tiempo hoy? (hoy no)
g. Carlos tampoco ha venido. A lo mejor lo ha olvidado.... (sí)
h. Pero Pepe, seguro que viene. (sí)

2. Ponga Vd. la palabra (preposición) correcta:

a. Estoy tratando _____ arreglar mi coche.
b. _____ lo menos quiero llegar con él hasta el próximo garaje.
c. Ayer tuvimos una gran discusión _____ el nuevo gobierno. Resultó que nadie
d. estaba muy contento _____ el gobierno, pero tampoco veíamos una solución
e. _____ momento.

f. – ¿Por qué quiere Vd. marcharse tan _____ prisa?
g. – Tengo la intención _____ salir de viaje mañana temprano, y si no duermo lo suficiente, mañana estaré medio muerto.

h. – Pase Vd. mañana _____ mi oficina,

i.   Allí podemos empezar _____ discutir lo que vamos a hacer....
j.   - Sí, será _____ duda lo mejor.

3. ¿Qué diría Vd. en esta situación?

Vd. quiere trabajar en una agencia de viajes en España. Habla Vd. con el director, que le hace varias preguntas.

-   ¿Cuánto tiempo ha estudiado Vd. el español?
a. -   (Two and a half years. You started three years ago.)
-   Vd. habla bastante bien el español. ¿Cuánto tiempo hace que Vd. está aquí?
b. -   (You came to Spain six months ago, and you have been here in X since February. You have been working in an office since March, but you don't like the work very much.)
c. -   (You'd like to do a different kind of work. In the office you're in you have little contact with other people, and the work is pretty boring.)
d. -   (You would prefer to be able to talk to other people, and to help them – in short (*en fin*) not to do exactly the same thing every day.)
-   Tenemos bastantes clientes de Francia, de Inglaterra, de los Estados Unidos . . .
e. -   (Say that you know French and English. You can speak English, of course, and can understand French.)
f. -   (And of course you know how to type (*escribir a máquina*.)
-   Bueno, me parece que tiene Vd. bastante experiencia y que sabe mucho, pero . . .
Ya sabe Vd. que aquí no se gana tanto como en algunos otros países . . .
g. -   (Ask how much you would earn, and how much holiday you would have. Also, what would the hours of work be? Would it be possible for you to attend a course of Spanish for foreigners, because you would be interested in improving your Spanish.)
(What else could you say or ask in such a situation?)

4.   You are coming home from a party late at night, and you exceed the speed limit. You are stopped by a policeman, who asks you for your driving licence. To your horror you realise you must have left it in another coat in your hotel room. Explain this to the policeman, and hope that he lets you off lightly. Act out this scene with a Spanish-speaking friend or with a fellow member of your class.

Lección 25

1. Ponga Vd. la palabra (preposición) correcta.

a. Vamos a tomar un Jerez. ¡_____ tu salud!
b. - ¿Cómo sueles ir a la oficina? ¿En coche?
    - No, _____ pie.
c. Me duele la cabeza _____ beber demasiado vino.

d. - ¿Me acompaña Vd.?

   - _____ mucho gusto.

e. - A Vd. no le gusta la nueva secretaria, ¿no?

   - Pues no tengo nada en contra _____ ella.

f. Ha pasado un señor que ha preguntado _____ Vd., pero no ha dejado su nombre.

2. Can you think of another word or phrase which would express the same meaning as the words in italics?

a. Ha llegado un autobús lleno de *extranjeros*.

b. Estas cosas tengo que hacerlas *poco a poco*.

c. Me parece que Vd. *no tiene razón*.

d. *Me ha costado bastante trabajo* reunir el dinero para comprar el piso.

e. *Te había prometido* pasar a las tres.

f. - ¿Le molesta? - *En absoluto*.

3. Diga Vd. lo contrario, según el ejemplo:
- Siéntese Vd. aquí.
- No, no se siente Vd. aquí.

a. Venga Vd. mañana, por favor.

b. El café, tráigalo ahora mismo, por favor.

c. Las flores, póngalas ahí en la mesa.

d. Vaya Vd. a pie, es mejor.

e. Ese viaje, hágalo en agosto.

f. Todo lo que sabe Vd., dígaselo a Pepe.

g. El dinero que le han dado, déselo a Ana.

4. Diga Vd. lo contrario, según el ejemplo:
- Siéntate aquí.
- No, no te sientes aquí.

a. Ven mañana, por favor.

b. El café, tráelo ahora mismo, por favor.

c. Las flores, ponlas ahí en la mesa.

d. Vete a pie (irse a pie), es mejor.

e. Ese viaje, hazlo en agosto.

f. Todo lo que sabes, díselo a Pepe.

g. El dinero que te han dado, dáselo a Ana.

5. Ponga Vd. las palabras que faltan.

   - ¿Sabe Vd. dónde vive el señor Ordóñez?

   ¿O el número de su teléfono?

a. – La dirección _____ puedo dar. Es Carretas 12. El número de teléfono
b. no _____ puedo dar,
c. porque no _____ tengo anotado. Pero puede Vd. llamar a Información,
d. y _____ darán.

   – Oye, Paco, cuando veas a tu amigo Eduardo,
e. no _____ olvides de preguntarle por ese disco de Atahualpa Yupanqui.
f. Dile que _____ traiga la próxima vez.
g. ¿No _____ olvidarás?
h. – No, no, no _____ preocupes,
i. ya _____ diré.
j. Pero ya _____ he dicho varias veces, y
k. siempre _____ olvida.

6. ¿Qué diría Vd. en esta situación?

Vd. acaba de llegar a una estación de ferrocarril. Quiere quedarse en la ciudad para verla y seguir su viaje después, el mismo día.

a. – (You ask someone where the left luggage office is (*la consigna*).)
   – ¿La consigna? Pues mire Vd. . ., no sé. Pero allí tiene Vd. la consigna automática esa, ya sabe Vd. donde se echan unas monedas (*coins*) . . .
b. – (Say that unfortunately you only have notes with you. Ask him if he can give you change. Thank him.)

Ahora va Vd. a la taquilla (*ticket office*) para informarse exactamente y para estar seguro de los horarios etc.

c. – (Say that you want to go on this evening to Seville. Ask him if there is definitely (*es cierto*) a train at 17.19. Ask him if it is direct, or do you have to change? Ask whether the train has a dining car.)
d. – (Ask if that train is normally very full, and whether it is better to reserve a seat (*tener reserva*). Would it be possible to travel at night?)
   – Sí, claro, hay un tren que sale a las 12.24 y lleva coche-cama y literas (*couchettes*). Puede Vd. conseguir una plaza en el tren mismo, ahora en marzo no hay problema.

7. You were supposed to meet a Spanish friend at the cinema this evening, but you cannot manage it. Leave a message at the box office to explain why.

Lección 26

1. *ser / estar*

a. La pensión completa _____ muy barata.
b. La comida aquí _____ muy rica.
c. Allí no _____ posible tomar media pensión.
d. El precio _____ de 1.500 pesetas por persona.
e. En este precio _____ todo incluido.
f. Pedro ha estado tres semanas de vacaciones en la playa.
   ¡Mira qué moreno _____!
g. Huy, ya son las cinco de la tarde. No sabía que ya _____ tan tarde.
h. Mi máquina de afeitar (*razor*) _____ rota.
i. He tenido un accidente. El coche _____ completamente estropeado.

2. Ponga Vd. la palabra (preposición) correcta:

a. ¿_____ quién es esta carta?
b. Quisiera cambiar este disco _____ otro.
c. Estoy _____ paso en esta ciudad, mañana tendré que ir a Sevilla.
d. Se me está acabando el dinero, _____ eso tengo que volver a casa.
e. Hay cosas que se compran aquí _____ mucho menos dinero que en otros sitios.
f. _____ todas partes hay gente muy simpática (y algunas personas menos simpáticas).
g. ¿Dónde ha estado Vd.? Le hemos buscado _____ todas partes.

3.   Revision of radical changing verbs – put the correct form of the verb in brackets in the following sentences:

a. ¿Cuándo (seguir) _____ Vds. el viaje?
b. Para ir al museo, (seguir) _____ Vds. esta calle, y a 500 metros lo verán a la izquierda.
c. Si Vd. se queda más de quince días en la pensión, (pedir) _____ Vd. un precio especial.
d. Por favor, (repetir) _____ Vd. lo que ha dicho,
e. no sé si le (entender) _____ bien.
f. Pepe se está riendo toda la tarde, pero ¿de qué (reirse) _____?
g. Oye, Paco, (cerrar) _____ la ventana, por favor.
h. (despertarme) _____ Vd. mañana a las siete y media, por favor.
i. (sentarse) _____ Vd. un momento, por favor, espero que no tenga que esperar mucho.
j. (encender) _____ Vd. la luz, por favor.
k. ¿(entender) _____ Vd. lo que digo?

4. a. – Ask the shop assistant on what floor the shoe department is.
   – En el quinto, señor.
 b. – Ask where the lift is.

Despúes de mirar algunos zapatos, habla Vd. con la vendedora.

 c. – Ask if they have these shoes (which you want to try on) in your size. You take size 41.
   – Sí, señor, un momento, ahora mismo se los traigo.
 d. – Say that you want to try them on – they don't fit you, they are too narrow. Have they got the next size up?
   – Lo siento, pero no los tenemos más grandes. Pero le puedo enseñar otros modelos.
 e. – Say that she shouldn't take so much trouble – you particularly like this pair.
   – Pero tengo uno muy parecido, y lo tenemos en todos los números.
 f. – Say, well all right, show them to me then!

En realidad, son unos zapatos muy bonitos, y le van muy bien.

 g. – Ask whether you can pay by cheque and where the cash desk is.

5. You have just got off a coach in Barcelona, and unfortunately left your camera behind on the coach. When you return to the coach after sightseeing in the town, your camera has disappeared! What would you say in such a situation?

Vd.	(Tell him your camera has gone. You're sure it was on your seat.)
EL CONDUCTOR	¿Dónde está su asiento, señora?
Vd.	(Here – seat no. 21.)
EL CONDUCTOR	No veo ninguna cámara fotográfica aquí, Señora. ¿Está Vd. segura que la ha dejado aquí?
Vd.	(Yes, of course. Wasn't he in the coach (*el autocar*) while you and the rest of the party were in the town?)
EL CONDUCTOR	Claro que sí. Solamente bajé un momento para ayudar a una señora que estaba buscando su autocar allí enfrente. Puede ser que se la hayan robado mientras que yo hablaba con esa señora. ¡Lo siento mucho! No me lo explico de otra manera.
Vd.	(That's all very well – but what about your camera? – what can you do now?!)
EL CONDUCTOR	Tendrá que presentarse a la policía cuando regresemos a Estartit para decir lo que ha pasado. Y mi jefe en la agencia de viajes le dará un certificado para el seguro. Vd. tiene seguro, ¿verdad?
Vd.	(Yes, of course. But you still think it's disgusting that he left the coach – after all, your camera would still be there if he hadn't.)

Lección 27

1. Ponga Vd. la forma correcta de los verbos:

a. ¿Qué me (contar) _____ Vd.? ¿Qué tal el fin de semana?

b. ¿No (acordarse) _____ Vd. de mí? Nos conocimos el año pasado en Barcelona.

c. Tiene Vd. mala cara. ¿Qué le pasa? ¿Le (doler) _____ algo?

d. ¿Cómo (encontrar) _____ Vds. el país este año comparándolo con el año pasado?

e. Me gusta hacer algún deporte. Por ejemplo, (jugar) _____ mucho al tenis.

f. De momento (llover) _____ en todo el país,

g. y mañana seguirá (llover) _____.

h. – ¿Ha dormido bien? – Sí, yo siempre (dormir) _____ sin ninguna dificultad.

2. Can you match the right words or phrases from Nos. 1–12 with sentences a–j to make a complete sentence? (Sometimes more than one combination is possible.)

a. me he hecho
b. me han hecho
c. voy a cambiar
d. va a cambiar
e. desde hace una hora
f. hace una hora
g. me voy a llevar
h. le voy a llevar
i. me da miedo
j. me da igual

1. el tiempo
2. estoy esperando aquí
3. daño
4. llegó mi hermano
5. lo que dice él
6. esperar
7. salir solo de noche
8. flores
9. dinero
10. algo de comer
11. a casa
12. de tren

3. ¿Qúe diría Vd. en estas situaciones?

Algunas personas le preguntan dónde está de momento su amiga Teresa. Dicen que se trata de un asunto urgente (*an urgent matter*).

a. Say that she probably won't be in the office any more at this time – 7 p.m. She has probably left by now.

b. Say you don't know where she will be this evening. You only (*lo único*) know that she has been invited to some friends. She will be getting home late.

c. Ask what it is about. Perhaps you can do something for them. If it's really urgent, you could try to ring up another friend, who perhaps knows whom Teresa is meeting this evening.

d. It will be difficult tomorrow as well to catch her. She usually leaves home very early on Saturdays.

Un español, compañero de trabajo, con quien Vd. siempre habla español, le pregunta qué le parece la nueva compañera alemana que trabaja con Vds. desde hace dos semanas.

e. Say that you cannot really tell (*no se puede decir mucho*). Two weeks is a very short time. But you feel that the atmosphere (*el ambiente*) among your colleagues has altered a little, and this worries you.

f. The fact is that you have nothing against her. She works well, she is very friendly, nothing unpleasant has happened.

g. Perhaps it's only that everybody got on so well with the girl who had the job before.

h. In short, you will simply have to wait. All the others have known each other for two or three years, and practically all of them are friends. This is why it is also a little difficult for your new colleague.

4. Imagine what you would do if you had a lot of time to spare. Would you stay in bed until midday, go for a trip round the world . . .? Make up a few sentences starting with Si tuviera tiempo, yo . . .

Lección 28

1. Which of the phrases in nos. 1–14 could follow those in a–l? (In some cases, more than one combination is possible.)

a. ¿qué pasa _____?
b. lo hemos pasado
c. ¿qué te vas a poner _____?
d. me queda
e. me quedo
f. ¿has quedado _____?
g. me tienen que sacar
h. trataré
i. para mí no se trata
j. vale la pena
k. probablemente volveré
l. este ruido es para volverse

1. a verle
2. hacer este viaje
3. de encontrar otra habitación
4. en ir a buscarlos
5. tres días en Madrid
6. para salir a comer
7. con sus amigos
8. loco
9. pasado mañana
10. solamente de ganar más
11. una muela
12. con Teresa
13. media hora antes de salir
14. estupendamente bien

2. Ponga Vd. la forma correcta de los verbos:

– Me alegro de que esa gente que vive al lado
a. (irse) _____ por fin a otra casa. ¡Qué gente tan antipática!
b. Espero que no (volver) _____ nunca más por aquí....

c. ¿De qué (reírse) _____ Vd.?

d. Si Vd. (conocer) _____ a esa gente me comprendería.... (*would understand*).

3. If you want to practise some conditional sentences, try the following exercise; put the verbs in brackets into the Conditional or Subjunctive as required.

a. Si no hubiese un programa interesante, no (ver) _____ la televisón a estas horas.

b. Si no me (interesar) _____ el problema de los emigrantes me iría a la cama.

c. Si no (presentar) _____ un amigo mío el programa, a lo mejor no lo vería.

d. Si no estuviera tan bien informado este chico no (poder) _____ hacer un programa así.

e. Si no (conocer) _____ tan bien el problema no podría presentarlo en la televisión.

f. Si no hubiera el problema del idioma, los hijos de los obreros españoles (tener) _____ menos dificultades en el colegio.

g. Si mi amigo no (hablar) _____ tan bien el alemán, no habría podido hacer todas las entrevistas con los patronos y los jefes de sindicatos, etc.

4. If you want to practise using the correct past tenses, try the following exercise; tick the correct form in each case.

El otro día me preguntó un extranjero dónde

a. _____ en nuestro pueblo la policía.

b. Es que le _____ de robar en el coche.

c. Dijo que le _____ muchas cosas, prácticamente todo.

d. Dijo que _____ que volver en bañador a Francia.

e. Le pregunté si _____ amigos por aquí.

f. Me contestó diciendo que _____ quince días en el camping y

g. que _____ a alguien.

Pues yo le dije que se presentara a la policía y le deseé un poco de suerte.

a.	estaba ☐	estaría ☐	estuviera ☐
b.	acababan ☐	acabarían ☐	acabaron ☐
c.	quitaban ☐	han quitado ☐	habían quitado ☐
d.	tendrán ☐	tendrían ☐	tuvieran ☐
e.	tendría ☐	tenía ☐	tuviera ☐
f.	han pasado ☐	habían pasado ☐	pasarán ☐
g.	conocen ☐	conocían ☐	han conocido ☐

5. Write an imaginary conversation between yourself and a Spanish family living in Britain. Ask how long they have been here, where they come from, what their future plans are. . .

Answer section

Lección 1

1. *a*. aprender *b*. hablar *c*. leer *d*. entender *e*. ir *f*. comprar

2. *a*. favor *b*. llamo *c*. esa

3. *a*. está Vd. *b*. Vd., está *c*. estás

Lección 2

1. *a*. tengo *b*. tiene

2. español – amigo – hoteles – restaurantes – cosa – habitaciones – señores
(The plural of *habitación (habitaciones)* does not have an accent.)

3. *a*. dos – dos siete ocho – nueve cero uno *b*. tres – cinco – cuatro – seis – dos – cero *c*. nueve – cero – ocho – uno – siete – seis *d*. cinco – cuatro – tres – siete – cero – nueve *e*. (Put in your telephone number and STD code.) *f*. cincuenta – treinta – diez – cuarenta – veinte pesetas

4. *a*. se llama *b*. tiene *c*. qué *d*. el *e*. de nada

5. *a*. hablo italiano *b*. me llamo Alberto *c*. tengo teléfono *d*. tengo amigos en España

6. *a*. – ¿Qué número de teléfono tiene Vd.? *b*. ¿No es ese el hotel del Castillo? *c*. Muchas gracias. *d*. Adiós.

Lección 3

1. *a*. también *b*. pero *c*. tampoco *d*. todavía

2. *a*. cómo *b*. quién *c*. cuántos *d*. qué *e*. qué *f*. cómo

3. 49 38 27 cuarenta y nueve – treinta y ocho – veintisiete
25 14 17 veinticinco – catorce – diecisiete
43 09 13 cuarenta y tres – cero nueve – trece

4. *a*. No sé todavía. Quizás vamos a ir todos a la Costa Brava. *b*. Me gustaría ir en avión, pero es más caro. Quizás vamos (a ir) en tren. *c*. Pues quizás vamos (a ir) en autobús. ¿Qué va a hacer en las vacaciones? *d*. Lo siento. ¿Por qué no?

5. *a*. 3/6 *b*. 6 *c*. 5 *d*. 1/2 *e*. 1 *f*. 1/4

Lección 4

1. quiero – aprendo – quiero – voy – puedo

2. queremos – aprendemos – vamos – podemos – vamos – podemos

3. *a.* a   *b.* que   *c.* en   *d.* buena

4. *a.* está   *b.* estoy   *c.* están   *d.* estamos   *e.* está   *f.* estoy

5. *a.* me   *b.* le   *c.* te

6. *a.* quiero   *b.* quiere, queremos   *c.* quieren   *d.* queremos

7. *a.* No muy bien. – Tengo dolor de cabeza.   *b.* A mí no me gusta el doctor Sánchez. ¿Hay otro médico cerca de aquí?   *c.* Muchas gracias. Voy a pedir hora al doctor Pérez.

8. Where no answer is given in this book, the exercise is open ended, and you should discuss your answers with your teacher.

Lección 5

1. *a.* estado   *b.* vez   *c.* ha   *d.* en   *e.* tampoco

2. *a.* Aquí la tengo.   *b.* Aquí lo tengo.   *c.* Aquí la tengo.   *d.* Aquí lo tengo.   *e.* Aquí la tengo.

3. *a.* está   *b.* está   *c.* es   *d.* está   *e.* es   *f.* está
(Remember that *es* is permanent and answers the question 'what is?' or 'who is' and *está* is temporary and answers the question 'how is?' or 'where is?')

4. In exercises of this kind, there are several possible answers, and we can only give one or two in this key. If your answer differs from the one we suggest, discuss it with your teacher.
a. Por favor, ¿cómo se llama ese pueblo?   *b.* Buenos días, ¿cómo está Vd.?   *c.* De nada.   *d.* Buenas tardes, ¿cómo está Vd.? . . . ¿Por qué no tomamos un café?/¿Vamos a tomar un café?

5. *a.* Hemos comprado un coche.   *b.* ¿Ha alquilado Vd. la casa?   *c.* ¿Han escuchado Vds. la radio?   *d.* Nuestro amigo ha estado en Madrid.   *e.* ¿Ha tomado Vd. el autobús?   *f.* ¿Has hablado con José?   *g.* ¿Habéis mirado las fotos?

6. *a.* mucho   *b.* muy   *c.* muy   *d.* mucho   *e.* muy   *f.* muy   *g.* mucho   *h.* mucho

7. *a.* ¿Cómo se llama? *b.* ¿Para qué necesita Vd. dinero?   *c.* ¿Qué coche tiene Miguel?   *d.* ¿Quién es el director del hotel?   *e.* ¿Cómo va Vd. a España?   *f.* ¿Cuántos hoteles hay en la ciudad?   *g.* ¿Para qué aprende Vd. español?   *h.* ¿Cuándo tienen Vds. vacaciones? (¿En qué mes? In which month?)
i. ¿Dónde está el hotel Europa?   *j.* ¿Adónde van Vds.?

Lección 6

1. *a.* lo   *b.* la   *c.* las   *d.* las   *e.* lo   *f.* la

2. *a.* Ya las he comprado.   *b.* Ya lo he reservado.   *c.* Ya lo he alquilado.   *d.* Ya la he apuntado.
e. Ya lo he escuchado.   *f.* Ya he hablado con ella.   *g.* Ya la he invitado.   *h.* Ya las he mirado.   *i.* Ya lo he visitado.

3. ¿Quiere Vd. . .?   *a.* apuntarla   *b.* mirarlas   *c.* verlo   *d.* verlas   *e.* escucharlo   *f.* conocerla   *g.* visitarlos

4. *a.* Este   *b.* Este   *c.* Esta   *d.* Este   *e.* Estos   *f.* Estas   *g.* Este

5. *a.* No sé, lo siento.   *b.* Me gustaría más tomar una cerveza.   *c.* ¡Qué lástima!   *d.* ese–u–ese–a– ene–ge–erre–e–e–ene   *e.* Yo tampoco la conozco.   *f.* ¿Qué es más interesante?

6. *a.* He ido a Sitges.   *b.* Sí, es muy bonita. Pero hay muchos turistas. Yo no he podido practicar mi español.   *c.* Sí, he conocido a un señor muy simpático. En la foto, a la izquierda.   *d.* Sí, lo he invitado para las próximas Navidades.

Lección 7

1. *a.* soy   *b.* sabe   *c.* sé   *d.* ven   *e.* es   *f.* saben   *g.* ve   *h.* son   *i.* veo

2. *a.* setecientos   *b.* tres mil cuatrocientos cuatro   *c.* tres mil cuatrocientos setenta y ocho   *d.* siete mil catorce.

3. *a.* llamando   *b.* explicando   *c.* aprendiendo   *d.* escribiendo   *e.* haciendo   *f.* viendo

4. *a.* Hola, ¿qué tal? ¿Cómo estás? (No muy bien.) ¿Qué te pasa?   *b.* Creo que sí . . . Aquí la tiene.   *c.* Yo puedo ir el trece de abril, o el quince de mayo, o el veintiuno de junio, o el treinta de julio.   *d.* A mí me gusta.

5. *a.* le   *b.* ella   *c.* mí   *d.* nos   *e.* ellas   *f.* ellos

6. Sí, me gustaría   *a.* comprarlo   *b.* verlas   *c.* alquilarla   *d.* conocerlos   *e.* mirarla   *f.* invitarlas

Lección 8

1. *a.* Son las ocho y media (de la mañana).   *b.* Son las diez menos cuarto (de la mañana).   *d.* Son las once menos diez (de la mañana).   *d.* Son las once y diez (de la mañana).   *e.* Son las doce y cuarto. *f.* Es la una menos diez (de la tarde).   *g.* Es la una y veinte (de la tarde).   *h.* Son las tres y veinticinco (de la tarde).   *i.* Son las seis menos veinticinco (de la tarde).

2. *a.* puedo   *b.* vuelvo   *c.* puede   *d.* volver   *e.* puede   *f.* vuelvo

3. *a.* le estoy   *b.* la estoy   *c.* la están   *d.* lo está   *e.* las estoy

4. *a.* ¿Conoce Vd. Ávila?   *b.* No, pero voy a ir allí en el verano. ¿Ha estado Vd. en Toledo?   *c.* ¿Le ha gustado Toledo?   *d.* ¿Qué le ha gustado más, Toledo o Ávila?   *e.* No he estado nunca allí. ¿Es una ciudad o un pueblo? ¿Está en la costa?   *f.* No, no conozco Torremolinos. Debe ser muy caro, ¿no?

5. *a.* toda la costa   *b.* todo el día   *c.* todo el mes de septiembre   *d.* toda la familia   *e.* toda la gente (or: toda esa gente)   *f.* todo el museo   *g.* todo el país   *h.* todo el tiempo.

Lección 9

1. *a.* ¡Cámbielo! / ¡No lo cambie!   *b.* ¡Invítelas! / ¡No las invite!   *c.* ¡Llámelo! / ¡No lo llame! / *d.* ¡Pregúntele! / ¡No le pregunte!   *e.* ¡Quédese! / ¡No se quede!   *f.* ¡Márchese! / ¡No se marche! *g.* ¡Tómela! / ¡No la tome!   *h.* ¡Empiécelo! / ¡No lo empiece!
(The difference in spelling in **h** does not affect the pronunciation. The change to *ie* from *e* occurs also in the imperative.)

2. *a.* un buen amigo   *b.* es muy mala/buena   *c.* hace mal día   *d.* un mal fin de semana   *e.* una buena foto   *f.* una habitación muy mala   *g.* no es mala persona   *h.* un buen precio   *i.* tiene buena temperatura (The answers to **c, g,** and **i** are idiomatic.)

3. *a.* Ya le he preguntado.   *b.* Ya he comido.   *c.* Ya la he alquilado.   *d.* Ya lo he hecho.   *e.* Ya lo he visto.   *f.* Ya lo he visitado.   *g.* Ya las he traído.   *h.* Ya la he leído.   *i.* Ya he ido.

4. *a.* Mire Vd., ésta es una iglesia muy antigua. Ésta es una casa moderna, que me gusta mucho/que no me gusta. Éste es un banco, donde puede cambiar.   *b.* ¿Quiere Vd. visitar el museo? ¿Vamos a visitar el museo? Vamos a cenar en casa. Puede Vd. cenar en casa. Le invito a cenar en casa. *c.* ¡Qué guapas! ¡Qué simpáticas! ¡Qué guapas son! Son muy guapas. *d.* ¿Quién es? ¿Es su mujer? *e.* Ah, Señora Garrigues, buenos días, ¿cómo está Vd.? Éste es el señor Domínguez, un amigo español. La Señora Garrigues, mi profesora de español. *f.* – Mucho gusto./Encantado./Encantado de conocerla. – Mucho gusto./Encantada.

Leccíon 10

1. *a.* porque *b.* como *c.* porque *d.* como

2. *a.* algunos *b.* ninguno *c.* algunas *d.* ningún *e.* algún *f.* ninguno *g.* ningún *h.* algunas *i.* algún

3. *a.* nada *b.* ninguna *c.* ningún *d.* nunca *e.* nadie *f.* tampoco

4. *a.* hago *b.* sé *c.* tengo *d.* veo *e.* oigo *f.* salgo *g.* voy *h.* conozco *i.* entiendo *j.* soy *k.* tengo *l.* vuelvo

6. *a.* ¿Qué están buscando Vds.? ¿Qué buscan Vds.? *b.* Vds. han hablado español. Lo he oído. / He oído que Vds. hablan español. / (Les he oído hablar español). Soy inglés, pero me gusta hablar español porque estoy aprendiendo español en un curso. *c.* Hablan Vds. muy bien. Yo no hablo tan bien el español como Vds. hablan inglés. Mi español no es tan bueno como el inglés de Vds. *d.* Me gustaría tomar un café con Vds. ¿Puedo invitarlos a tomar un café? ¿De dónde son Vds.? ¿Cuánto tiempo van a estar aquí? ¿Cuánto tiempo van a quedarse Vds. aquí? ¿Dónde han aprendido Vds. inglés? *e.* ¿Quieren Vds. pasar por mi casa esta tarde/esta noche? Voy a apuntarles mi dirección. No voy a estar en casa antes de las siete y media. Los espero a las siete y media, o más tarde. Adiós, ¡y que les vaya bien!

Leccíon 11

1. Sí . . . *a.* te lo explico *b.* te lo digo *c.* te lo recomiendo *d.* te la recomiendo *e.* te la compro *f.* te la digo *g.* te lo digo *h.* te lo explico *i.* te lo digo

2. Sí, . . . *a.* explíquemelo, por favor *b.* dígamelo, por favor *c.* búsquemelo, por favor *d.* escríbamela, por favor *e.* cómpremela, por favor *f.* dígamela, por favor
Note: For the spelling of *busque* and *explique*, see the note to Gr. 7 in the Student's Book.

3. *a.* qué *b.* qué *c./d.* lo que *e.* qué *f.* lo que

4. *a.* a tiempo *b.* de momento *c.* por ejemplo *d.* por aquí *e.* de acuerdo *f.* en color *g.* de todas formas *h.* en realidad *i.* a veces *j.* vuelvo a escribir

5. *a.* ¿A qué hora hay un autobús para Torrelodones? ¿Qué hora es, por favor? *b.* Nos queda media hora. El autobús sale a las cuatro y media. *c.* Me gustaría volver a verte mañana. ¿No podemos volver a vernos mañana? ¿Podríamos volver a vernos mañana? ¿Sabes dónde esta el Banco de Vizcaya? Enfrente hay un bar. ¿Podemos vernos allí a la una y media? ¿De acuerdo? *d.* Bueno, ahora tengo que irme. Adiós, ¡y hasta mañana!

Leccíon 12

1. ¿Quiere Vd. . . . ? *a.* que le apunte mi número de teléfono *b.* que le busque un trabajo *c.* que le compre los libros que necesita *d.* que empiece a trabajar ahora mismo *e.* que escuche la radio para saber *f.* que le espere en el bar de enfrente *g.* que hable con Carmen

2. ¿Quieres . . .? *a.* que te llame por teléfono en una hora *b.* que me marche *c.* que me quede *d.* que pregunte otra vez *e.* que te recomiende un hotel barato *f.* que te deje dos mil pesetas

3. *a.* Yo voy de todas formas.   *b.* Yo la hago de todas formas.   *c.* Yo tengo que informarme/Yo me informo de todas formas.   *d.* Yo la veo de todas formas.   *e.* Yo salgo a cenar de todas formas.   *f.* Yo vuelvo hoy de todas formas.

4. *a.* la lleve   *b.* los lleve   *c.* las lleve   *d.* lo lleve   *e.* las lleve

5. *a.* Hola, soy María. Quería decirte que no puedo ir a España, porque he estado enferma.   *b.* Ya estoy mejor, pero el médico me ha dicho que tengo que quedarme en casa todavía tres o cuatro días más. ¿Qué tiempo hace en San Sebastian? ¿Hace sol? ¿Hace calor?   *c.* Aquí hace muy mal tiempo/ aquí hace un tiempo muy malo. Llueve mucho y a veces nieva. También hay mucho viento. Pero la radio dice que a la semana que viene va a hacer buen tiempo.   *d.* No podría ir antes del martes o del miércoles, y no vale la pena ir para cinco días. Tendría que volver de todas formas el domingo.   *e.* Lo siento mucho, pero de verdad me es imposible.   *f.* Adiós. ¡Hasta pronto!

Lección 13

1. *a.* Sí, se lo enseño enseguida.   *b.* se las traigo   *c.* se las busco   *d.* se la doy   *e.* se la doy   *f.* se la traigo   *g.* se lo enseño

2. *a.* El queso lo compro después.   *b.* La paella la encargo después.   *c.* El vino lo traigo después. *d.* Los libros sobre Perú los compro después.   *e.* La ensalada la hago después.   *f.* Las aceitunas las compro después.   *g.* Las fotos y las diapositivas las voy a buscar después.

3. *a.* Sí, acabo de hablar con él.   *b.* Sí, acaba de llamar por teléfono.   *c.* Sí, acabo de apuntarla. *d.* Sí, acabo de comprarlo/comprármelo.   *e.* Sí, acaba de dármela.   *f.* Sí, acabamos de llegar.   *g.* Sí, acaban de invitarnos.

4. *a.* El tren ha llegado hace una hora.   *b.* El avión ha salido hace veinticinco minutos.   *c.* El cine ha empezado hace media hora.   *d.* El banco ha cerrado hace un cuarto de hora.   *e.* El autobús ha llegado hace diez minutos.

5. *a.* setecientas treinta pesetas   *b.* seiscientas mil pesetas   *c.* dos mil quinientas pesetas   *d.* mil doscientas pesetas   *e.* treinta y cuatro mil novecientas pesetas.

6. *a.* Depende del tiempo.   *b.* No le he entendido bien. No sé si le entiendo. ¿Vd. quiere decir que no le gusta salir cuando llueve? *c.* Se puede hacer muchas cosas sin salir de la ciudad, ¿no le parece? *d.* Bien. De todas maneras tengo que estar en casa el domingo por la noche porque vienen mis padres.

7. *a.* entonces es mejor   *b.* desgraciadamente no puedo salir   *c.* sobre todo la catedral   *d.* en realidad   *e.* desde luego   *f.* de vez en cuando.

Lección 14

1. ¿Quiere . . ., por favor?   *a.* acompañarme a la estación   *b.* aparcar el coche aquí   *c.* arreglar la ducha   *d.* buscar el hotel   *e.* cerrar la ventana   *f.* comer con nosotros   *g.* darme la llave del coche *h.* decirme qué hora es   *i.* dejarme 3.000 pesetas   *j.* empezar a trabajar

2. . . ., por favor.   *a.* envuélvame Vd. la botella   *b.* escríbame Vd. la semana que viene *c.* escúcheme Vd. un momento   *d.* espéreme Vd. un momento   *e.* explíqueme Vd. cómo funciona esto   *f.* hable Vd. más despacio   *g.* infórmese Vd.   *h.* lea Vd. esta carta   *i.* levántese Vd. rápidamente   *j.* limpie Vd. la mesa

3. *a.* el primero (or: el uno) de enero de mil novecientos ochenta   *b.* el cuatro de marzo de mil novecientos ochenta y uno   *c.* el siete de mayo de mil novecientos ochenta y dos   *d.* el diez de julio de mil novecientos ochenta y tres   *e.* el veinticinco de junio de mil novecientos ochenta y cuatro   *f.* el veintisiete de febrero de mil novecientos ochenta y cinco   *g.* el treinta de abril de mil novecientos ochenta y siete   *h.* el dos de septiembre de mil novecientos ochenta y seis   *i.* el cinco de octubre de mil novecientos ochenta y cinco   *j.* el dieciséis de noviembre de mil novecientos noventa   *k.* el treinta y uno de diciembre de mil novecientos ochenta y nueve   *l.* el treinta y uno de agosto de mil novecientos noventa

4. *a.* La casa es mía.   *b.* (La casa) es suya.   *c.* ¿(El coche) es suyo?   *d.* (El coche) no es mío.   *e.* (Las diapositivas) son mías.   *f.* (Esas fotos), ¿son suyas?

5. *a.* (No he reservado) Una mesa para cuatro personas, por favor.   *b.* ¿Me trae el menú, por favor? Tráigame el menú, por favor. Haga Vd. el favor de traer el menú. ¿Qué me recomienda Vd. especialmente?   *c.* El pescado no me gusta mucho/no me gusta demasiado. En general, prefiero la carne. En general, la carne me gusta más.   *d.* Bueno, entonces voy a probar la merluza. Bueno, entonces voy a probarla. A ver si me gusta. *d.* Un vino blanco de la casa.   *e.* De postre, (tráigame) fruta, por favor.   *g.* ¿Me trae la cuenta, por favor? El servicio está incluido, ¿verdad?

Lección 15

1. *a.* ¿cuál es el color?   *b.* ¿qué color prefiere?   *c.* ¿para qué?   *d.* ¿cuál?   *e.* ¿qué falda?   *f.* ¿cuál? *g.* ¿qué zapatos?   *h.* ¿cuáles te gustan más?   *i.* ¿cuáles?

2. No creo . . . *a.* que nos acompañen   *b.* que lo conozca   *c.* que podamos descansar   *d.* que cueste lo mismo   *e.* que cene con nosotros   *f.* que nos deje el coche   *g.* que se dé cuenta   *h.* que se haya dado cuenta

3. Me alegro . . . *a.* que nos acompañen   *b.* que haya sacado los billetes   *c.* que en Sevilla podamos descansar   *d.* que el hotel no cueste más   *e.* que coma con nosotros   *f.* que nos haya invitado   *g.* que se haya dado cuenta   *h.* que nos dé dinero para el viaje

4. Yo creo que . . . *a.* viene mañana   *b.* tiene tiempo   *c.* sale con nosotros   *d.* hace el viaje con nosotros   *e.* dice la verdad   *f.* trae a sus amigos   *g.* conoce nuestros problemas   *h.* se pone la chaqueta que a mí me gusta

5. *a.* volverá a verla   *b.* puedo dejárselo   *c.* tengo que levantarme   *d.* podría Vd. llamarme *e.* quiero llevármela   *f.* podría mandármelo   *g.* tiene que marcharse   *h.* puede metérmelo

6. *a.* ¡Qué lástima! Hace tan buen tiempo. Hace un día tan estupendo. ¿Necesitas algo? ¿Qué te pasa? ¿Tienes dolores o tienes fiebre? ¿Quieres que te lleve una medicina?   *b.* ¿Quieres que llame por teléfono al médico? Siempre es mejor llamar al médico.   *c.* Cuando uno tiene fiebre hay que quedarse en la cama, hay que estar en la cama. Si quieres, puedo pasar por tu casa.   *d.* Desgraciadamente no creo que tenga tiempo mañana. Tengo que salir de viaje. Bueno, ¡que te mejores!

Lección 16

1. *a.* creo que   *b.* espero que   *c.* espero que   *d.* creo que   *e.* espero que   *f.* creo que   *g.* espero que   *h.* creo que

2. *a.* hace algunos momentos   *b.* desde el lunes   *c.* desde hace cinco días   *d.* desde enero   *e.* desde el lunes   *f.* desde hace mucho tiempo

3. *a.* contará   *b.* contaré   *c.* tendrán que   *d.* enseñaremos   *e.* explicaré   *f.* enseñará   *g.* se quedarán   *h.* volverán   *i.* buscarán   *j.* alquilarán   *k.* iremos

4. a. llame   *b.* venga   *c.* diga   *d.* se haya casado   *e.* guste   *f.* gane   *g.* deje/vaya a dejar *h.* tengan   i. haya   j. vuelva   *k.* haga

5. *a.* vender   *b.* alquilar   *c.* dejar   *d.* gano/estoy ganando   *e.* viejas   *f.* caro   *g.* mal

6. a. Quisiera probarme esa chaqueta azul que tienen en el escaparate. Me gustaría probarme . . . ¿Cuánto cuesta? b. ¿De qué material es? ¿Es de lana pura? c. ¿Tienen/tendrían la misma chaqueta, pero en gris? Prefiero gris. d. ¿Cuánto vale? ¿Cuánto cuesta? e. ¿No tienen otra más barata? f. Tengo que pensarlo. Voy a pensarlo. Volveré a pasar con mi mujer/con mi marido.

Lección 17

1. a. se entendía b. visitaban c. gustaba d. parecía e. dejaba f. se quedaba g. le interesaban otras cosas h. pensaba i. le interesaba saber.

2. a. estaba b. me dolía c. hacía d. quería e. tenía que f. era g. había h. tenía i. estaba

3. a. tanto b. mucho/tanto c. mucho/muchísimo d. tanto e. tan f. mucho/muchísimo g. más h. tanto

4. a. venga b. haya viajado c. tenga que d. visite e. diga f. haga g. salga h. traiga i. venga

5. a. a la izquierda b. más tarde/antes/después c. joven d. caliente e. en el campo f. lejos g. sed h. ahora/de momento i. feo j. al otro lado/enfrente k. más tarde/después l. solo/sola m. poco a poco/una cosa después de otra

6. a. Haga el favor de esperar un momento. b. ¿Está Vd. segura? He mirado el horario que vale desde el sábado. c. Perdone Vd., señora. ¿Es suyo ese libro? ¿Podría mirarlo un momento? Es que me interesa mucho. Muchas gracias, señora, es Vd. muy amable. d. No importa, pero ¿dónde puedo dejar las maletas de momento? e. Perdone Vd., señora, pero me parece que se ha equivocado Vd. Esta habitación es la mía. . . . No importa, no se preocupe Vd. ¿Me deja ver su llave/podría ver su llave? Me parece que su habitación está un piso más arriba.

Lección 18

1. a. tomé b. pasé c. llegué d. perdí e. levanté f. tuve

2. a. me quedé en casa b. desayuné c. leí d. jugué e. invité f. tuve que escribir g. hice un plan h. no pude salir i. estuve en casa j. fui a ver a unos amigos

3. a. acompañaron b. fueron al museo c. le invitaron d. salieron a dar un paseo e. volvieron a casa f. tuvieron que quedarse en casa

4. a. llamó por teléfono b. quedó en verse con ellos c. quedó en salir con ellos d. fue a la parada e. se encontró con otro amigo f. no pudo acompañarle g. tuvo que esperar mucho h. estuvo esperando media hora i. hizo lo único que podía hacer j. tomó un taxi (y un momento después vino el autobús . . .)

5. a. pasó b. hizo c. fue d. fue e. salió f. tuvo g. pudo h. volvió i. llamó

6. a. ¿Qué coche es? b. ¿Cuál es el tuyo? ¿El amarillo, el azul, el verde? c. ¿Desde cuándo tienes ese bolso? Es la primera vez que lo veo. ¿De qué material es?/¿Qué material es? ¿Es de cuero/de piel? d. Estás muy guapa hoy ¡Qué guapa estás hoy¡ Qué guapa estás hoy con ese vestido! e. Muchas gracias por la revista. Me alegro que hayas venido./Me alegro de haberte visto. f. Dale recuerdos de mi parte. g. No creo que mañana tenga tiempo. Mi padre viene a visitarme.

Lección 19

1. a. vamos b. haga c. puedan d. haga e. vaya a llover f. va a hacer g. llame por teléfono h. acompañe i. es

2. Hoy no he hecho nada extraordinario. He tenido que ir a Salamanca . . . Primero quería ir en coche, pero luego lo he pensado bien y he ido en tren. Desde luego ha sido más cómodo que ir en coche. He salido a las nueve, he hablado con unos señores en Salamanca, he comido con ellos, me he quedado para tomar café y charlar, y luego me he vuelto a Madrid, sobre las 6. Y luego he estado ya tan cansado que prácticamente no he hecho nada más. En fin . . .

3. *a.* salgo a cenar: Esta noche salgo a cenar.   *b.* ha sido fácil/no ha sido difícil: No (me) ha sido difícil encontrar un piso.   *c.* no he entendido nada: No he entendido nada de lo que dice.   *d.* el otro: El uno es muy simpático, el otro no me gusta.   *e.* es otra cosa/es diferente: Si lo dices tú, es otra cosa. Si lo dice él, es diferente.   *f.* después de las siete: Me levanto después de las siete. Le voy a buscar después de las 7.   *g.* ¡qué poco cuesta!/¡qué barato es!: ¡Qué poco cuesta aquí la comida! ¡Qué barato es el hotel!   *h.* lo hago de otra manera: Así me parece difícil, lo voy a hacer de otra manera.   *i.* nadie: No ha venido nadie.   *j.* nada: No he dicho nada.   *k.* dejar el trabajo/descansar: Ahora voy a dejar el trabajo/dejar de trabajar. Tengo que descansar.   *l.* empezar el trabajo: ¿A qué hora empieza Vd. el trabajo?

4. *a.* ¿Desde cuándo trabajas allí? Me alegro que hayas encontrado un buen trabajo.   *b.* Me alegro que te guste tu trabajo. ¿Ya tienes (un) piso en Sevilla? ¿Lo has comprado o alquilado? Tu familia, ¿ya está en Sevilla?   *c.* Yo acabo de alquilar un piso. Tiene cuatro habitaciones, cocina, baño, un gran balcón . . .   *d.* Está en una casa antigua, sin ascensor, en el tercer piso. Hay que arreglar muchas cosas, pero no es muy caro/demasiado caro.   *e.* En realidad quería un piso más pequeño, pero es tan/muy difícil encontrar un piso barato, y ya no quería buscar más . . . *f.* Más o menos, sí. Pero la nevera se (me) ha roto. Ahora estoy buscando una de segunda mano . . .

Lección 20

1. *a.* Cuando tenga el dinero para comprar otro nuevo.   *b.* Cuando tenga todo preparado. *c.* Cuando reciba un telegrama de mi jefe.   *d.* Cuando vuelva del viaje.   *e.* Cuando tenga tiempo, pero todavía no sé cuándo.   *f.* Cuando me lo prohiba el médico.   *g.* Cuando venga mi hermano. *h.* Cuando me lo diga mi jefe.   *i.* Cuando haya terminado lo que tengo que hacer allí.

2. *a.* ¿Quiere que le diga algo? – Sí, dígale que   *b.* me llame   *c.* me escriba   *d.* me mande un telegrama,   *e.* pase por mi casa   *f.* cuando vaya   *g.* cuando quiera, pero dígale que   *h.* no se olvide

3. *a.* Siento que/perdone que no haya podido llamar.   *b.* Siento que/perdone que no haya llamado. *c.* Siento que/perdone que se me haya olvidado.   *d.* Siento que/perdone que haya tirado el vaso. *e.* Siento que/perdone que se me hayan caído al suelo las patatas.   *f.* Siento que/perdone que no me haya dado cuenta.   *g.* Siento que/perdone que le moleste.   *h.* Siento que/perdone que no tenga tiempo ahora.

4. *a.* abierta   *b.* dicho   *c.* escrito   *d.* hecho   *e.* visto   *f.* vuelto   *g.* roto

5. *a.* Hoy no tengo ganas de ir al cine. En la televisión hay un buen programa. ¿No te parece que sería una buena idea quedarnos en casa y ver la televisión?   *b.* ¿Qué te parece la película? ¿Te ha gustado? ¿Cuál de las dos actrices te ha gustado más? ¿La rubia o la morena?   *c.* Hace unos días he visto a Carmen López. ¿No te acuerdas de ella? La conocimos el año pasado en las vacaciones. Le gustaba mucho nadar/le encantaba nadar, y nadaba muy bien. Es bastante alta y morena.   *d.* Sí, exacto. Me ha dicho que te dé recuerdos de su parte.

Lección 21

1. *a.* del (alegrarse de)   *b.* a (ir a buscar, venir a buscar)   *c.* a (¿a quién? a los niños)   *d.* de   *e.* a (dedicarse a)   *f.* de (dejar de)   *g.* del (depender de)   *h.* a (empezar a)

2. *a.* hacía   *b.* ayudaba   *c.* llevaba   *d.* iba   *e.* lavaba   *f.* era casi siempre él quien se levantaba.

3. *a.* Hice las camas. Antes siempre las hacía. *b.* Le ayudé a limpiar. Antes le ayudaba . . . *c.* Llevé a la niña. . . . Antes, la llevaba . . . *d.* Fui a hacer la compra. Antes iba muchas veces a hacerla con ella/con mi mujer. *e.* Lavé los platos. Antes, los lavaba . . . *f.* Me levanté cuando la niña lloró. Era casi siempre yo quien se levantaba.

4. Es mejor . . . *a.* que no tomes parte *b.* que no preguntes *c.* que no protestes *d.* que no hagas la reparación tú mismo (que es muy difícil y se puede romper algo) *e.* que no hables hoy con él (que está de mal humor) *f.* que no lo hagas *g.* que no lo compres (porque está muy viejo)

5. Es posible . . . *a.* que tenga tiempo *b.* que sea Elena/que sea ella *c.* que esté en casa *d.* que vaya *e.* que pueda hacerlo/que lo haga *f.* que lo conozca

6. Es probable . . . *a.* que haya problemas/que vaya a haber problemas *b.* que lo vea *c.* que vuelva *d.* que empiece *e.* que salga *f.* que pueda hacerlo *g.* que diga que sí *h.* que la traiga *i.* que me lo dé *j.* que se lo ponga

7. *a.* ¿Qué tal fue la excursión (de) ayer? *b.* ¿Tuvieron Vds. suerte con el tiempo? *c.* ¿Llovió? ¿Nevó en la montaña? *d.* ¿Pudieron hacer lo que habían pensado? *e.* ¿Fue su mujer con Vds.? ¿Les acompañó su mujer? *f.* ¿Fueron sus hijos también? ¿Les acompañaron también sus hijos? *g.* Nos levantamos temprano. *h.* Fuimos al mar/a la playa. *i.* Nadamos/nos bañamos y tomamos el sol. *j.* Nos gustó mucho, (porque) hacía un tiempo muy bueno/hacía muy buen tiempo. *k.* Nos quedamos en la playa hasta las cinco de la tarde. *l.* Luego volvimos a casa. *m.* Llegamos muy tarde, a las diez de la noche, porque había un tráfico terrible.

Lección 22

1. *a.* de (encargarse de) *b.* en (equivocarse en el día) *c.* de acuerdo *d.* por teléfono *e.* hablar sobre el precio/del precio *f.* a (llegar a) *g.* de (olvidarse de hacer algo) *h.* por (pasar por)

2. *a.* venga Vd. *b.* siéntese Vd. *c.* tómese Vd. el tiempo *d.* quédese Vd. *e.* no se preocupe Vd. *f.* no se moleste Vd.

3. *a.* dolía *b.* No pedí hora porque estaba de paso . . . No había pedido hora porque estaba de paso . . . *c.* Pregunté . . . *d.* Ella me dijo . . . *e.* Media hora después me sacó la muela.

4. Some suggestions
a. Quería preguntarte si vas esta noche al cine conmigo. *b.* Mañana te llamaré otra vez. *c.* Quiero llamar al médico. Llamaré al médico. *d.* Cuando no tengan que estudiar más para el colegio/cuando no tengan que ir al colegio/cuando ya no vayan al colegio . . . *e.* Vi que estabas desilusionado. *f.* Tome Vd. por lo menos un poco del vino. *g.* He probado un poco de la carne. *h.* Hoy no tengo apetito. *i.* Si es así, puede quedarse Vd. Entonces puede quedarse Vd.

Lección 23

1. *a.* en, en *b.* con *c.* en *d.* a *e.* en *f.* de *g.* a *h.* de

2. *a.* Con el tiempo hemos tenido mala suerte/hemos tenido una mala suerte enorme. *b.* No lo puedo hacer yo mismo, tiene que hacerlo otro/otra persona. *c.* Yo no digo nunca esto. / A veces vamos a la playa. *d.* Los dos son muy diferentes *e.* Mira, me parece que va a dejar de llover. *f.* – ¿Vuelves a escribirle? – No, ya no le escribo más. *g.* Lo siento por Juan. *h.* He reservado una habitación individual. *i.* Pedro no está en casa, ha salido, está fuera.

3. *a.* son casi iguales, no son muy diferentes   *b.* la semana que viene   *c.* no basta   *d.* podemos tomar primero unas gambas   *e.* fumo mucho menos de lo que fumaba antes, antes fumaba el doble *f.* se fuman mucho   *g.* me gusta más ir andando, tengo ganas de ir andando

4. *a.* ¡Qué sopa más rica!   *b.* ¡Qué traje más práctico!   *c.* ¡Qué habitación más simpática!   *d.* ¡Qué secretaria más amable!   *e.* ¡Qué cocina más moderna!   *f.* ¡Qué traje mas ligero!

5. *a.* ha llegado   *b.* viene/va a venir/vendrá   *c.* tardará/va a tardar   *d.* prefiero   *e.* vuelvo/volveré *f.* llegue

6. *a.* ¿Quién es? ¿Quién habla?   *b.* Ah, eres tú, Jorge, ¡qué alegría! ¿Cómo estás?   *c.* ¿Cuánto tiempo hace que no nos hemos visto? Hace por lo menos cuatro meses, ¿no?   *d.* Oye, lo siento mucho, pero no tengo tiempo. ¡Cuánto lo siento! Pero es que no tengo tiempo. De momento tengo muchísimo trabajo/un trabajo enorme. Pero cuando vengas la próxima vez, será diferente. Entonces podremos salir juntos.   *e.* Ah, por cierto, todavía no conoces a mi novio/a mi novia, ¿verdad? La próxima vez lo/ la vas a conocer. La próxima vez te presentaré a él/ella. Siento que no pueda ser esta vez . . . *f.* ¿Y cómo está tu mujer?   *g.* ¡Qué lástima! ¡Que se mejore! Bueno, perdona que no tenga tiempo hoy . . . *h.* ¡Que te vaya bien!

Lección 24

1. *a.* Sí, estará en casa.   *b.* Tendrá unos 20 años.   *c.* Serán las 3.   *d.* Hará buen tiempo.   *e.* Hoy no podrá venir.   *f.* Hoy no tendrá tiempo.   *g.* Sí, lo habrá olvidado.   *h.* Sí, vendrá.

2. *a.* de   *b.* por   *c.* sobre   *d.* con   *e.* de   *f.* de   *g.* de   *h.* por   *i.* a   *j.* sin

3. *a.* Dos años y medio. Empecé hace tres años.   *b.* Vine a España/He venido a España hace seis meses, y desde (el mes de) febrero estoy aquí, en X. Desde marzo trabajo en una oficina, pero el trabajo no me gusta demasiado.   *c.* Me gustaría tener otro trabajo/otro tipo de trabajo. Allí, en esa oficina, tengo poco contacto con otra gente/con otras personas, y el trabajo es bastante aburrido. *d.* Me gustaría más hablar/poder hablar con gente/con otras personas, ayudarles, en fin, no hacer cada día exactamente lo mismo.   *e.* Yo sé francés e inglés. Sé hablar inglés, y el francés, por lo menos lo entiendo.   *f.* Y claro/desde luego sé escribir a máquina.   *g.* ¿Cuánto ganaría? ¿Cuántas vacaciones/ cuántos días de vacaciones tendría? ¿Cuáles serían las horas de trabajo? ¿Me sería posible/podría ir a un curso para extranjeros? Pues es que me interesaría aprender todavía mejor el español.

Lección 25

1. *a.* a   *b.* a   *c.* de   *d.* con   *e.* de   *f.* por

2. *a.* lleno de gente de otros/varios países   *b.* no puedo hacerlas todas al mismo tiempo   *c.* se equivoca/se ha equivocado/está equivocado   *d.* me ha resultado bastante difícil/me ha sido bastante difícil   *e.* te había dicho que pasaría a las tres   *f.* de ninguna manera

3. a. no venga mañana   *b.* no lo traiga ahora, tráigalo más tarde   *c.* no las ponga ahí   *d.* no vaya Vd. a pie   *e.* no lo haga en agosto   *f.* no se lo diga   *g.* no se lo dé

4. *a.* no vengas mañana   *b.* no lo traigas ahora, tráelo después   *c.* no las pongas ahí   *d.* no te vayas a pie   *e.* no lo hagas en agosto   *f.* no se lo digas a Pepe   *g.* no se lo des a Ana

5. *a.* se la   *b.* se lo   *c.* lo   *d.* se lo   *e.* te   *f.* lo   *g.* lo/te   *h.* te   *i.* se lo   *j.* se lo   *k.* lo/se

6. *a.* Por favor, ¿podría Vd. decirme dónde está la consigna?   *b.* Desgraciadamente no tengo más que billetes/tengo sólo billetes. ¿Me podría Vd. cambiar? Muchas gracias, es Vd. muy amable.   *c.* Quiero seguir esta tarde a Sevilla. ¿Es cierto que hay un tren a las 17.19? ¿Es directo o tengo que cambiar? ¿Lleva coche-restaurante? *d.* ¿Ese tren suele estar muy lleno?/¿Está muy lleno generalmente? ¿Será mejor tener reserva? ¿Habría una posibilidad de viajar de noche/durante la noche?

Lección 26

1. *a.* es   *b.* está   *c.* es   *d.* es   *e.* está   *f.* está   *g.* era   *h.* está   *i.* está

2. *a.* para/de   *b.* por   *c.* de   *d.* por   *e.* por   *f.* en   *g.* por

3. *a.* siguen   *b.* sigan/siguen   *c.* pida   *d.* repita   *e.* entiendo/he entendido   *f.* se ríe   *g.* cierra   *h.* despiérteme   *i.* siéntese   *j.* encienda   *k.* entiende

4. *a.* Dígame, por favor, ¿en qué piso hay zapatos?   *b.* ¿Dónde está el ascensor?   *c.* ¿Tiene Vd./ tienen Vds. estos zapatos en mi número? Tengo el cuarenta y uno.   *d.* Me los voy a probar/voy a probármelos. No me están bien, me están estrechos. ¿Los tiene en un número más grande?   *e.* No se moleste Vd. Me había gustado precisamente este modelo.   *d.* Bueno, enséñemelos.   *g.* ¿Puedo pagar con cheque?/¿Aceptan Vds. cheques? ¿Dónde está la caja?

5. *a.* Mi cámara ha desaparecido. Estoy segura que la dejé en mi asiento.   *b.* Aquí, el número 21. *c.* Claro que sí. ¿No se ha quedado Vd. en el autocar mientras el resto de nosotros fuimos por la ciudad?   *d.* Bueno, bueno. Pero, ¿dónde está mi cámara? ¿Qué puedo hacer ahora?   *e.* Claro. Pero me enfada todavía que Vd. haya dejado el autocar. Después de todo, mi cámara estaría todavía aquí, si Vd. no . . .

Lección 27

1. *a.* cuenta   *b.* se acuerda   *c.* duele   *d.* encuentran   *e.* juego   *f.* llueve   *g.* lloviendo   *h.* duermo

2. *a.* 3/10   *b.* 6/10   *c.* 9/12   *d.* 1/9/12   *e.* 2   *f.* 4   *g.* 9/10   *h.* 11   *i.* 5/7   *j.* 1/5/7

3. *a.* Ahora, a las siete, ya no estará en la oficina. Habrá salido ya.   *b.* Lo que no sé es dónde estará esta noche. Lo único que sé es que la han invitado unos amigos/que está invitada en casa de unos amigos, así que llegará tarde a casa.   *c.* ¿Puedo saber de qué se trata? ¿Quizás pueda hacer yo algo para Vds.? Si en realidad la cosa es urgente, podría tratar de llamar a otro amigo que a lo mejor sabe con quién ha quedado Teresa para esta noche.   *d.* Mañana también será difícil encontrarla. Los sábados suele salir muy temprano de casa.   *e.* Todavía no se puede decir mucho. Dos semanas son poco tiempo. Pero me parece que el ambiente entre los compañeros ha cambiado un poco, y esto me preocupa.   *f.* En realidad no tengo nada en contra de ella. Trabaja bien, es muy amable, no ha pasado nada desagradable.   *g.* A lo mejor es sólo porque todos se entendían tan bien con la chica que antes tenía ese puesto.   *h.* En fin, hay que esperar. Todos los demás ya se conocen desde hace dos o tres años, prácticamente todos son amigos. También por eso la cosa es un poco difícil para la nueva (compañera).

Lección 28

1. *a.* 7/12   *b.* 14   *c.* 6/9   *d.* 13   *e.* 5/7/12   *f.* 4/7/12   *g.* 11   *h.* 3/10   *i.* 3/10   *j.* 2   *k.* 1/6/7/9/12   *l.* 8

2. *a.* se vaya/se haya ido   *b.* vuelva   *c.* se ríe   *d.* conociera/conociese

3. *a.* vería   *b.* interesara/interesase   *c.* presentara/presentase   *d.* podría   *e.* conociera/conociese *f.* tendrían   *g.* hablara/hablase

4. *a.* estaba   *b.* acababan   *c.* habían quitado   *d.* tendrían   *e.* tenía   *f.* habían pasado   *g.* conocían

Texts of aural comprehension passages

Lección 2, No. 5

«– ¿Hoteles? Sí, conozco algunos. Aquí tengo los números de teléfono. El Hotel de la Catedral es muy moderno, tiene el número 5-8-7-6-9-3-4. Es un poco caro. El hotel del Castillo también es moderno. Todas las habitaciones tienen baño o ducha. Tiene el teléfono 1-0-3-2-9-0-8. La Pensión del Museo no es muy moderna, pero está en el centro y es barata. El número es el 4-3-1-2-0-5-7. Y la pensión Carmen es pequeña y muy agradable. Sólo tiene 10 habitaciones. El teléfono es el 3-9-6-7-5-8-0.»

Lección 3, No. 6

Hablan dos personas, Pedro y Carmen. Escuche Vd.:
– Oye, Carmen, ¿qué vas a hacer en las vacaciones?
– ¿En las vacaciones? Pues, no sé todavía. Quizás voy a ir a París.
– ¿A París? ¡Estupendo!
– ¿Por qué no vamos juntos?
– Ah, tú puedes ir a París, pero yo no puedo. Es muy caro ir a París.
– Puedes ir con nosotros, si quieres. Vamos en coche.

Lección 5, No. 6

A – Vd. que conoce bien España, ¿qué playa me recomienda? Me gustaría ir este verano con mi familia.
B – Bueno, conozco varias y muy bonitas. Pero últimamente vamos siempre a Calella y siempre al mismo hotel. Está en la misma playa y no es caro.
A – Aha, ¿y cómo se llama?
B – Miramar, hotel Miramar.
A – ¿Y la calle? ¿El número?
B – Basta con poner Hotel Miramar, Miramar, Paseo de la Playa, de la Playa, Calella: ce, a, ele, e, elle, a , Calella, provincia de Gerona. Gerona.

Lección 7, No. 9

a

– Buenos días, señor, ¿sabe Vd. si hay por aquí un supermercado?
– Sí, mire Vd., en esta misma calle, un poco más arriba, hay uno muy grande. Está a la derecha, enfrente del banco.

b

– Buenas tardes, señora, ¿puede Vd. decirme dónde está la consulta del doctor Ezquerda?
– Sí, verá. Toma Vd. la primera calle a la derecha, allí está a pocos metros, a la izquierda.
– Muchas gracias.

c

– Oiga Vd., por favor, ¿el hotel Granada?
– ¿El hotel Granada? ¿Ve Vd. allí esa plaza? Allí mismo está, a la derecha.

d

– Por favor, ¿puede Vd. decirme si hay por aquí una parada del autobús número 21?
– Sí, está muy cerca. Tome Vd. la segunda calle a la izquierda, allí donde ve ese banco, y luego la primera a la derecha. Allí está a pocos metros.

Lección 8, No. 5

a

– Señores pasajeros con destino a Lima, vuelo de Iberia número 347, preséntense en la puerta número 8.
Atención señores y señoras, el avión procedente de Buenos Aires, vuelo de Iberia número 145, tiene un retraso de 30 minutos. Volveremos a anunciar su llegada.

b

– Se ruega a los viajeros con destino a Barcelona que suban al tren. La salida será inmediata.
Atención, en estos momentos va a hacer entrada en la estación el tren procedente de Bilbao por la vía número 4. Por favor, apártense de las vías.

Lección 12, No. 6

Vd. ha olvidado un reloj en el hotel y llama por teléfono. Escuche lo que le dicen.
– ¿Es el hotel Felipe II?
– Sí, dígame, señorita.
– Mire Vd., acabo de darme cuenta de que me he dejado en la mesilla de noche el reloj. Es un reloj pequeñito de oro. Tenía la habitación 35, y mi nombre es María Fuentes.
– Sí, señorita. Al hacer la habitación ya se han dado cuenta y me lo han traído aquí a la recepción. No se preocupe, lo tenemos. Por cierto, ¿son de Vd. también unas gafas de sol? Estaban también en el cuarto.

Lección 13, No. 6

a
– Buenas tardes. ¿Venden Vds. carretes para máquinas fotográficas?
– No, ésta es una tienda sólo de recuerdos y regalos.
Pero en esta calle, más arriba, hay una de material fotográfico.

b
– Buenos días. Quisiera una botella de leche, una de jugo de naranja y . . .
– Tome Vd. mismo lo que quiera, y luego pase Vd. por la caja. Las bebidas están todas a la derecha.

Lección 14, No. 9

a
– La habitación me parece bien, pero se oye mucho el ruido de la calle.
– De noche, es mucho más tranquila. No pasan casi coches. Pero si Vd. quiere podemos mirar si nos queda alguna otra libre que dé al otro lado.

b
– Mire Vd., quiero ducharme y no sale ni una gota de agua de la ducha.
¿Podría subir alguien a ver qué pasa?
– ¿Qué habitación tiene Vd.?
– La 48.
– Lo siento, pero es que hemos tenido que cerrar el agua por unos momentos. En la habitación 49 tienen que hacer una reparación. Pero es un momento, nada más.

Lección 16, Practice Book Ex. 7

En la planta quinta, sección de muebles
– Queríamos ver muebles para jardín, una mesa y sillas.
– Aquí tienen, a la derecha. Tenemos de metal, pintadas en blanco, y la mesa de cristal.
– No, no, de madera nos gustaría más.
– Pues sí, también tenemos. Mire, estas en rojo, con la mesa también de madera. Pero el mismo modelo lo tenemos también pintado en negro, si le gusta más el color.

Lección 17, No. 4

a
Vd. se da cuenta de que su coche va cada vez más despacio. Vd. pregunta en una gasolinera.
Escuche lo que le dicen:
–¿Podría mirar el motor, por favor? No sé qué pasa. Normalmente voy a 130 kilómetros por la autopista, por lo menos en Francia, donde se puede, y aquí, desde hace una hora, casi casi

no llego a los 100 kilómetros por hora.
– A ver, un momento. Ponga el motor en marcha.
Lo que pasa es que las bujías están gastadas, nada más. En cinco minutos se las cambio, si quiere. Ya verá cómo funcionará. Con el calor que hace, es importante no tener las bujías gastadas. Además, con bujías nuevas no gasta tanta gasolina.

b
Vd. no está seguro si es mejor tomar la autopista o no. Pregunta Vd. en la gasolinera. Escuche lo que le dicen.
–¿Qué me aconseja: que tome la autopista o que siga por la carretera general?
– Hombre, por la autopista gana Vd. media hora de tiempo. Pero por la carretera general . . . a estas horas está bastante tranquila, y no le cuesta nada, claro.

Lección 19, No. 5

En casa du su amigo español, Vd. coge el teléfono porque él no está.
– ¿Está don Joaquín, por favor?
– No, no ha vuelto todavía, pero llegará sobre las dos.
– Ya. Podría Vd. decirle cuando venga que ha llamado su amigo Juan Calvo, de Sevilla, y que llegaré el martes y no el lunes, como le escribí. Pero mejor, le voy a dar mi número de teléfono, y que me llame él cuando pueda. ¿De acuerdo? Es el 74 67 60.

Lección 22, No. 6

Vd. no se siente bien y llama por teléfono a la consulta del doctor Méndez, que le han recomendado, para pedir hora. Escuche lo que le dicen.
–¿Es la consulta del doctor Méndez?
–Sí, señor, dígame.
– Quería pedir hora para que el doctor me reciba.
– Vamos a ver. Creo que esta semana ya no va a poder ser. Estamos a jueves, y el sábado ya no tenemos consulta, así que le puedo dar hora para el lunes . . . o mejor dicho, el martes que viene, a las nueve de la mañana.
¿Le parece bien? ¿Cómo se llama Vd.?

Lección 26, No. 5

Su amiga Gloria le habló el año pasado de un hotel de la Costa Brava. Le interesaría saber algo más de él y la llama por teléfono.
– Hola, Gloria, soy yo. Mira, quería hacerte una pregunta.
– Hola . . ., tú dirás.
– Oye, el año pasado estuvisteis en la Costa Brava ¿verdad?
– Sí, en Rosas.
– Ya. Oye, y me dijisteis que habíais estado en un hotel muy contentos. ¿Te acuerdas todavía

de cómo se llamaba, porque nos interesaría saber algo más de él?
– Pues sí, claro, se llamaba hotel «Mar y Playa». Estaba muy cerca del mar, no había más que cruzar la calle, y la comida estaba muy bien. Si te interesa el precio miraré, creo que tengo todavía por ahí la cuenta. No recuerdo exactamente lo que costaba, pero sé que no era demasiado caro. A nosotros lo único que no nos gustaba es que era sólo de pensión completa. Total que si te ibas a pasar el día fuera como nosotros bastantes veces, pues perdías el dinero de la comida tontamente. Y no tenían media pensión. Lo que nos gustó mucho de Rosas es que estás muy cerca de Ampurias, de Cadaqués, de San Pedro de Roda, en fin, de muchos sitios que puedes visitar en una excursión de un día.

Solutions to aural comprehension exercises

Lección 2, No. 5
5876934; 1032908; 4312057; 3967580

Lección 3, No. 6
sí; quizás

Lección 5, No. 6
Hotel Miramar, Paseo de la Playa,
Provincia de Gerona

Lección 7, No. 9
a. 3   *b.* 4   *c.* 1   *d.* 7

Lección 8, No. 5
a. no; sí; no   *b.* sí; no

Lección 12, No. 6
no; sí; sí

Lección 13, No. 6
a. no; sí; no   *b.* sí; sí

Lección 14, No. 9
a. sí; no; sí   *b.* no; no; no

Lección 16, No. 7
sí; sí; no

Lección 17, No. 4
a. no; sí, sí   *b.* no; sí; no

Lección 19, No. 5
no; sí; no; 746760

Lección 22, No. 6
no; sí; no

Lección 26, No. 5
sí; no; no; sí; sí; no; sí; sí